図説

ヴィクトリア朝の女性と暮らし

ワーキング・クラスの人びと

川端有子

河出書房新社

図説　ヴィクトリア朝の女性と暮らし　もくじ

はじめに

ヴィクトリア朝の中期、イギリスの子どもたちの生活には非常に大きな変化が訪れた。すべての国民に初等教育を受けさせるための法律が次々と改正されつつ施行されていったためである。女王が即位した一八三七年には、全国民のうち、読み書きができるおとなは五〇%余であったのに対し、女王が崩御《ほうぎょ》した一九〇一年には、その率は九〇%になっていた（この割合は、結婚式の際、自分の名前を自分でサインできたかどうかで判定しているため、対象は既婚の男女である）。

　この期間に初めて初等教育にふれることができるようになったのは、人口の七〇%を占めるワーキング・クラスの子どもたち。つまり普通の庶民の子どもたちであった。中流階級以上の家庭では、家庭教師《ガヴァネス》を雇い、家庭内で初等教育を個別に行っていたから、子どもたちが小学校に通うことはなかったのである。初等教育の義務化は、子どもたちの生活のみならず、今まで隠れていたこの階級のさまざまな問題を明らかにし、賛否両論の波紋をもたらすことになった。

　この本では、今まであまり取り上げられてこなかった働く人々の日常生活と、とりわけ女子の仕事の実情に光を当ててみたい。彼らは手記を残すことも、小説の主人公になることも少なかった。たとえ取り上げられたとしても、ほとんどの作家は中流階級であり、ワーキング・クラスの人々を描くのは、自らと同じ階級の人々に対する啓発《けいはつ》や、告発《こくはつ》の手段である場合が多かった。本書でもエリザベス・ギャスケルやチャールズ・ディケンズ、トーマス・ハーディらの作品に言及しているが、読めば読むほど、描かれているワーキング・クラスの様子は、ステレオタイプであるか、歯がゆいほどに実在感を伴わないものだった。

　おとな向けの小説においてもそうだが、児童文学においても、主人公はルイス・キャロルの『不思議の国のアリス』

乞食娘の扮装をしたアリス・リデル。『不思議の国のアリス』のモデルであり最初の読者となった。中流階級の少女にわざとこのような格好をさせて写真を撮るのが流行った。撮影ルイス・キャロル、1858年。

(*Alice's Adventures in Wonderland*, 1865) のように、中流階級の子どもであったとし、もしそうでなかったとしても、——たとえばチャールズ・キングスリーの『水の子どもたち』(*The Water Babies, A Fairy Tales for a Land Baby*, 1863) や、ジョージ・マクドナルドの『北風のうしろの国』(*At the Back of the North Wind*, 1871) など——煙突掃除の少年は、川に飛び込んで浄化と啓《けい》蒙《もう》の旅を続けて新しく生まれ変わるために登場するのだし、馬車屋の息子は、周囲の人々を救済する象徴的な存在であった。

　ワーキング・クラスの作家が奨学金を得て大学に行き、自ら声を上げ、自己表現の手段として小説を書き始めるには、二〇世紀の「怒れる若者たち」の時代を待たねばならない。

　また、ここでは今までにもしばしば話題になり、その生活や仕事の内容が詳細に記述されるようになった家事奉公人、つまりメイドや執事らへの言及は故意に避けた。彼らもワーキング・クラスの大きな部分を占めるのはたしかであるが、今まで、上・中流階級の世界で「見えない存在」としてではあっても、上・中流階級を覗き見たり、批判したりする装置として、かなり可視化されてきたからである。

　第1章では、ワーキング・クラスの人々が一九世紀後半になって初めて経験した小学校について取り上げる。初等教

[右] チャールズ・キングスリーの『水の子どもたち』の原書表紙。右下方のはだかの男の子がもと煙突掃除の少年、トム。
[左] アーサー・ヒューズが描いた『北風のうしろの国』の挿絵より、廏の2階に寝起きする主人公のダイヤモンド。

下請けをするお針子の苦悩を描いたトーマス・フッドの詩『シャツの歌』(1843) により、お針子の仕事は「苦汗 (くかん) 労働」の代表となった。ウィリアム・ダニエルズ画。

育は何をめざし、どういう人々を育てたかったのか、またその実情はどうだったのか。この小学校は、頭のいい少女にとっては、またとない新しい進路——教師への道にもなったが、子どもの労働収入がなくてはならない生活が困難な人々にとっては暴動を起こすきっかけになるくらいはた迷惑な制度であった。小説、事実や証言、写真等をもとに小学校という新たな場を読み解いてみたい。小学校を出て読み書き算数の能力を身につけた人々は、一九世紀末に自らの階級を作り変えていくからである。

　第2章ではワーキング・クラスの人々の日常生活を振り返ってみる。フィクション、ノンフィクションに現れるその生活史をたどりつつ、彼らの生きた時代に思いを馳せてみたい。住居、食物、衣服、娯楽など、その中から、今に至るまでの独自の文化が生まれてきたのである。

　第3章では、女性たちが取り組んださまざまな仕事について、そしてその変化について、家事奉公人以外の職場について取り上げる。女工やお針子の苦行、女性を大黒柱《だいこくばしら》にすることも可能であった技術職など。初等教育は女性たちにどのような変化をもたらしたのだろうか。そして彼女たちはどのような道をたどり、二〇世紀の夜明けを迎えたのだろうか。

上から1等車、2等車、3等車に乗る汽車の乗客たち。混み具合や服装から階級差がはっきりとわかる。3等車には屋根すらない。
『イラストレイテッド・ロンドン・ニューズ』1847年1月号より。

　華やかなヴィクトリア朝文化は中流階級の興したものだった。「家庭の天使」と呼ばれた中流階級の女性たちをさらに純粋化、美化するために、そぎ落とされ見えないものとされてきた、大多数の人々。その「普通の暮らし」を問い直してみたい。

　本文中では、「労働者階級」をあえて「ワーキング・クラス」と記述した。そのわけは、労働者という言葉にまつわるマルクス主義的な連想を避けたかったということがある。では彼らをどう呼べばいいのか。「庶民」という日本語は、ワーキング・クラスという概念とぴったり一致するとはいえない。「民衆」、「大衆」という言葉にはどこか上からの目線が感じられて違和感がある。不適当な連想や日本語との不一致を避けるために、もっともカラーがないと思われるカタカナ語を選んだ。

Column 階級とは

イギリス人は自他ともに認める「階級に取りつかれた人々」である。階級については、王侯貴族から最底辺の民に至るまでの非常に細かいヒエラルキーであるとの見方、持てる者と持たざる者、ブルジョアとプロレタリアートなどの二極分化ととらえる見方、また上流・中流・下流の三分割でとらえる見方があり、歴史的にもこの三つの見方が交代し補完しあいながら続いてきた。しかし階級という言葉を使うときには三分割モデルが一般的であるため、ここでは上流階級、中流階級、ワーキング・クラスの三分割法でとらえることにする。

中世の封建《ほうけん》時代には、大土地所有者の少数の領主《りょうしゅ》と、そこで働く小作人《こさくにん》という二極化された社会構造があった。その後、飛躍的な人口の増大、農業革命による生産量の伸び、そして産業革命を経て、土地所有のいかんによらず産業資本を掌握した中流階級が、二極のあいだに生まれ、一九世紀にまたたくまに権力を独占し、社会の最も重要な位置を占めるようになった、というのが通説である。

ここで扱うヴィクトリア朝期においては、上流階級とは、貴族の称号を持つ者とその縁者、大土地を所有しそこから収益を上げる地主からなる層であり、中流階級とは専門職やホワイトカラーの職に就き、実際に政治を動かし、いわゆるヴィクトリア朝文化を形作った層。そしてワーキング・クラスとは、工場、鉱山、港湾で働いたり、上・中流階級の家庭内で家事労働を行ったりする選挙権を持たない層である。

ヴィクトリア朝期において、労働者は三度にわたり、チャーチスト運動を起こし、参政権を要求したが、一八四〇年代に失敗に終わった。土地所有者の財産を守る穀物法に反対して、産業資本家が結束した「反穀物法同盟」は、上流階級に対する中流階級の勝利を証《しるし》付け、ヴィクトリア朝は中流階級の支配する社会となったといわれる。この見方については、最近になってからデヴィッド・キャナダインらの歴史家によって否定され修正されており、それほど単純な見解はとれないかもしれない。ヴィクトリア朝の三階級制という考え方はたしかに、中流階級中心的価値観に都合のいいものであった。そのことは考慮に入れつつ、社会階層モデルとしては、やはりここでは従来の上・中・下の階級を前提に語っていきたい。

現在、イギリスの政府は「階級なき社会」を提唱し、現実的には上流階級というかつての特権階級はもはや特権を持ってはいない。製造業がすっかり廃《すた》れてしまった現在、工場労働や炭鉱、港湾労働者の仕事は急激に消滅していった。サービスを売ることが主流となった現代における「ワーキング・クラス」の典型的な労働は、コールセンターのオペレーターだといわれる。しかし誰もが本当に階級が消滅したとは思っていない。

イギリスにおいては、階級は単なる貧富の格差ではなく、言語と文化の違う共同体であり、プライドを持った所属意識と伝統・共有体験によって形作られている。『ザ・ピープル――イギリスのワーキング・クラスの盛衰』を著したセリーナ・トッドは、「二十世紀を通してイギリス社会の大部分をワーキング・クラスの人々が形成してきたし、二十一世紀に入ってもそうである」と述べ、階級とは「ロマンティックな伝統でもなければ愉快な特徴でもなく、少数のエリートが富の大部分を所有してきた国において搾取《さくしゅ》によって生み出されるもの」だと述べる。言い換えれば、

デヴィッド・キャナダイン
『イギリスの階級社会』原書表紙。

その富の不平等な分配が、文化の違う集団を作り出すまでに受け継がれていった、それが階級というものなのである。

　トッドによれば、ほとんどのイギリス人が自分たちはワーキング・クラスであり、政治家と新聞からワーキング・クラスとして扱われていると認識するようになるのは二十世紀になってからだという。フィクション、ノンフィクションを問わず、それまでの言説がいかに中流階級中心に展開してきたかを物語っており、一九世紀の書き物から、ワーキング・クラスの実像を抽出するのが困難である理由が明らかであろう。

セリーナ・トッド
『ザ・ピープル』原書表紙。

Column

ワーキング・クラスの下位区分

　一九世紀におけるワーキング・クラスの中には、最も裕福な層として、高度な技術を身につけた熟練《じゅくれん》労働者や小売商店主がおり、最底辺には、日雇いで単純肉体労働に従事する非熟練労働者が位置していた。熟練労働者は、かけがえのない人材として重用され、その腕に誇りを持ち、生活水準も高かった。建築業、大工、石工、鍛冶屋《かじや》、家具職人などがこれに当たる。彼らはギルドを形成して弟子を養成し、社会的権限もある程度有していた。工場労働者や鉱山労働者は半熟練工ならば常雇いで、組合を作って団結することもできた。商店を構える者から、旅の行商人、路上の呼び売りに至るまで、商業に従事する人々は、経済的格差、仕事の安定度において大きな隔たりがあった。

　農業労働者、港湾労働者、多くの工場・鉱山労働者など単純労働に従事する人々は多くが日雇いであったり、季節労働者であったりして、失業を繰り返す場合も多かった。食い詰めた人々は救貧院に保護を求めるか、物乞いをするか、すりやかっぱらいなどの犯罪に手を染めるかという極貧状態に置かれた。

　フランシス・ホジソン・バーネットの児童文学『小公女』（*A Little Princess*, 1905）には、ワーキング・クラス内での差異がクリアに描かれている。主人公セーラはもとは中流階級のお嬢さまだが、父が破産してみなしごとなり、寄宿制学校にそのまま雑役女中として雇われている。ある日路上で彼女が出会ったのは、飢えた物乞いの少女であった。セーラは拾った四ペンスで買った菓子パンを一つだけ残し、自分よりもっと空腹であるはずだと、その少女に与えてしまう。自分には帰る家も寝る場所もあるのだと自らに言い聞かせて。その後、パンをもらった乞食の少女は、セーラの慈悲《じひ》の心に感動したパン屋のおかみさんの世話になり、パン屋で働く「アンヌ」として更生する。

　セーラは校長に借りがあるので終身無賃金で働き続ける身であり、家事労働者としては最低ランクにいる。しかし、乞食のアンヌは仕事すらなくて物乞いをせざるをえない社会の底辺の存在である。中流階級出身で、持たざる者への慈悲の心を叩きこまれて育ったセ

[上] セーラが財産を失って行かされたのは、屋根裏の女中部屋だった。
[下] ぼろを着たストリート・チルドレンのアンヌにパンを施すセーラ。階級の違いが明らかに示されている。

雑役女中として働かされ、ぼろを着て買い物に行かされるセーラ。フランシス・ホジソン・バーネット『小公女』原書表紙。

ーラには、自分より貧しい者には、与えなければならないという義務感があったのだ。パン屋のおかみさんはおそらく裕福な小商店主の妻であったのだろう。セーラの行動に感動したからとはいえ、乞食の娘を人前に出せるように世話をして、店で雇う余裕があるからである。とはいえ、このワーキング・クラス内での階層は、自分より低い地位の者を自分から切り離し、慈悲の心で思いやるという思想によってかえって維持されているともいえる。父の破産が明らかになったとき、セーラは仕事をさせてもらえるということに安堵《あんど》し、乞食にだけはなりたくないと願ったのではなかったか。やや批判的に言えば、雑役女中の身になっても、セーラが失わなかった「王女さまらしさ」とは、心の中では常に上の階級に属していることの誇りであったといえる。『小公女』は、ロンドンの貧しい人々の暮らしを描いているようで、その視点は一貫して中流階級的であるゆえんである。

第1章

小学校に行くということ

トーマス・ハーディの小説『テス』（*Tess of the d'Urbervilles*, 1891）の場合はどう描かれているか。主人公テスの少女時代の描写を見てみよう。

南イングランドのマーロウ村に暮らす行商人の娘テスは、六人きょうだいの一番上で、六年間村の小学校に通った。小学校の先生はロンドン仕込みの女教師だったので、テスは標準語と村の方言を使い分けることができた。テスの母親は無学な女性でいつも方言を使い、『占い大全』という古い本に畏《おそ》れ多い思いを抱いており、何かあるとその本にご託宣《たくせん》をいただくのであった。

「迷信とか、民間説話とか、方言とか、口伝えの民謡とか、そういったどんどん滅んでゆくがらくたを持っている母親と、幾度も幾度も改正された法令の下で国民教育と標準的知識を身につけた娘の間には、よく言われるように、二百年の隔たりがあった」（第一章）

テスは小学校の先生になりたいという希望を持っていたが、それがかなうことはなかった。行商《ぎょうしょう》に使う馬が彼女のせいで死んでしまい、父親は日雇い仕事をして食いつながねばならず、母親も有能な主婦とはいえなかったし、彼女の下には五人の幼いきょうだいがいたからだ。

一家が親戚だと信じたダーバヴィル家へ、テスは貧しい親戚の名乗りを上げていくよう強いられ、そこでニワトリの世話をすることになる。それが彼女の悲劇の始まりだったのだが……。

これらの記述から、テスが新たな法律の恩恵《おんけい》を被《こうむ》って小学校教育を受けた村の娘であったこと、その聡明《そうめい》さを生かすことができれば、教師になることもできた

トーマス・ハーディ。

[右] BBC映画『テス』より。
[左] 農家の仕事に従事するテス。オックスフォード版表紙より。

ことがうかがい知れる。のちに彼女が牧師の息子エンジェル・クレアと知的な会話を交わし、同等な恋愛関係を結ぶことができるのも、初等教育を受けたおかげだった。

　次の例は実際に活躍した女性教師である。

1 小学校の教員

　フランシス・グッドウェイは一八七四年、馬車職人の娘として生まれ、バンベリーの小学校に通い、そこで教生《ピューピル・ティーチャー》として学ぶかたわら教師の助手を努めて奨学金を受け取り、ストックウェルの教員養成校に入学。卒業後、小学校の教師となり、一八九八年から一九二七年にかけて、バンベリーのチャーウェル小学校の校長を務めた。結婚後やめる女性が多かったなか、仕事を続け、一〇〇歳を超えるまで元気で暮らした。

女性の仕事としての小学校教師

　小学校の教員は、ワーキング・クラス出身の女性が多かった。そのわけは、一つにはこの仕事が非常に低賃金であり、職業としての格も低かったせいで、男性のなり手がなかなかいなかったという事情がある。しかも、雇用主は安くすむということで女性を雇いたがった。一八七〇年には資格のある女教師は年給五八ポンドを稼いだが、これは男性より二六ポンド安い。この給料のジェンダー格差は実に二〇世紀になるまで続いたのである。

　だが、男性には魅力がない職が、女性にとってまたとない好機になることはよくあったことだ。成績のいい女の子にとっては、小学校の教師は今までにない出世の道であり、母親や周囲の環境とはまったく違う職に就くための大きなチャンスであったのだ。一八七〇年、学校教育法が施行されたとき、小学校教員の四分の三が女性であった。

　トーマス・ハーディの『日陰者ジュード』（*Jude the Obscure*, 1895）は、主人公の少年、ジュードと夜学で教えてくれた小学校教師フィロットソン先生とのお別れのシーンから始まる。ジュードに学問の大切さを教えてくれた先生だが、やはり

角帽とガウン姿でストックウェル教員養成学校を卒業するフランシス・グッドウェイ。1890年代中頃。

男性としては田舎の教師として生涯を終えるわけにはいかず、大学に行って聖職者になるという夢を抱いていたのだ。当時、小学校の先生というのは学問的野心を持った男性にとっては一時的なとっかかりであったということがわかる。ジュードと恋に落ちながらも、フィロットソンと結婚する従妹のスーは、教員になるために養成学校に行っている。

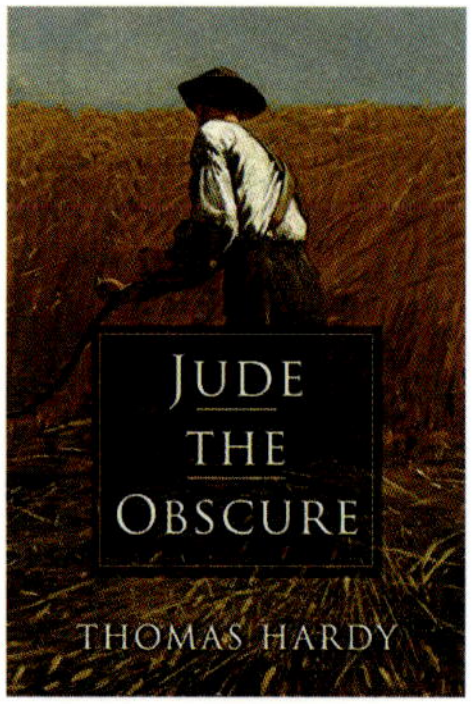

トーマス・ハーディ
『日陰者ジュード』原書表紙。

教員の資格

ヴィクトリア朝以前は、小学校の教員になるためには資格は必要ではなかった。読み書きができる者であれば誰でもよかった。牧師やその家族がボランティアで行うのはまだいいほうで、村の小学校教育が、けがや老齢のために農作業ができなくなった男性に委ねられていたという例もあった。初等教育はまったく重要視されていなかったのだ。

積み重なる教員不足解消と質の向上のため、一八四〇年代からは、教員養成学校が次々に設立され、免許試験も課せられるようになった。この試験は現役教員も受けることができたので、小学校の教員は資格職となった。しかし、教員不足は解消せず、独自の徒弟制度が取り入れられた。これが教生《ピューピル・ティーチャー》制度である。成績のいい生徒は、一三歳から五年間、教生として小学校の教員の助手として働くことができる。その期間を務めあげると養成学校へ行くための奨学金を得ることができた。

教生の生活

しかし、自分の勉強のほかに個人授業を受けて教え方の勉強をし、助教師役もこなさなければならない教生の生活は大変だった。

一八六〇年代に、ウエスト・ホーヴの女子学校で教生をしていたメアリー・バ

初等教育関係の重要年表

年	内容
1808	初等教育促進のためのロイヤル・ランカスター協会（のちの英国学校協会）設立
1811	貧民教育のための国民学校協会の設立
1833	初の初等教育のための助成金20000ポンド決まる 工場法、9歳から13歳の児童労働者は日に2時間学校教育を受けることを定める（1844年には3時間に増）
1839	初の学校視学官2名指名される
1846	教員免許試験の導入
1862	小学校教育法改正　「出来高払い」制度と学年試験始まる
1870	学校教育法施行　すべての子どもに学校を
	小学校教師組合結成
1880	5歳から10歳までの子どもの教育の義務化　（のちに13歳まで）
1891	無償教育が可能に。公立小学校の生徒は年に10シリングの助成金を受けられる
1893	最年少卒業年齢10歳から11歳に
1899	イングランドとウェールズの教育に関することを扱う教育省の設立 最年少卒業年齢12歳に（農村地帯では11歳のままのところも）

（*Life in A Victorian School*より）

ーンフィールドは、教員用の下宿に住んで、朝、六時半に校長先生から授業を受けた。それから下宿に朝ご飯を食べに帰り、生徒を教えるのはそのあとだった。夜は自分の勉強に費やした。週末の休みは、もっぱら家主のおばさんの手伝いをし、家賃代わりに働く苦学生だった。メアリーは農夫の娘だったのだが、教生をしている間に父が亡くなったので、ますます経済的に困窮することになった。

ヒューミドルトン・スクールの女性教員たち。この学校には聾啞の生徒のためのセンターも付随していた。料理、洗濯、手仕事の訓練のためのセンターもあった。1908年。

先に述べたフランシス・グッドウェイは朝七時四〇分に学校に到着し、一時間指導を受け、それからクラスを教えた。一クラスの生徒数は非常に多く、五〇〜六〇人であったという。彼女は、一四歳のときには、生徒が九歳のスタンダード3のクラスを教えていたのだから、生徒とほとんど歳の変わらない教生が教育に当たっていたわけである。彼女は地理を教えるのが好きだった。また、教生の五年間は、まったく自分の時間がなく、人生で一番つらい時期だった、とのちに校長になったバーグウィン夫人は回想している。

ホワイトチャペルの貧民学校。
左下でパネルを指しながら教えている小さい姿が教生である。

教員養成学校

教員養成学校《トレーニング・カレッジ》は、カレッジと呼ばれていても大学ではなく、専門学校であり、小学校の教員には学位は必要なかった。勉強の出来よりもモラルの堅固さが重要視されており、服装についても厳しかった。ワーキング・クラス出身者が大半を占める教員志望者に、身のほどをわきまえさせるという目的もあったからである。彼女らはこうして訓練を受けることで、社会的に上昇することができたのだが、その上昇も最小限に抑えられていた。夫の領地にある学校の経営者だったフィールデン夫人は一八八七年、次のように言っている。

「どの人も、貧しい家の出で、十分な教育を受けていません。そして家を出ていって、このへんでいう、〈うぬぼれ〉を身につけたんです。ほんの少しはものを知っているけれど、自分がものを知らないということを示すほどには知らないというか。教員養成学校へ

［右］1870年代のリュークノー国民学校。背後に顔が見えるのがアーサー・テイラー校長、右に立つのは彼の妻。
［左］1911年くらいのラウンズ小学校、ノーサンプトンシャー。生徒が後ろに手を回して座っているのは規律を守るためである。

行って帰ってきた女の子がいましたが、ひどく思い上がってしまって、どうにも使いかねました」

このため、フィールデン夫人は自分がかかわる学校には、教員養成学校出身者を雇用しなかった。実務をやりながら試験を受けて資格を取った教員のほうを好んだのだ。

ダーラムの教員養成学校、セント・ヒルダ・カレッジでは一八九〇年代、学生たちは洗濯を自分でしなければならず、掃除も手伝い、週に一度アイロンがけを順番にやっていた。リンカーンのカレッジでは、手動絞り機を一時間も回したせいでしもやけになり、そのうえ背中が痛むとこぼしている学生がいた。

こうした生活環境を改善しようという動きに対して、必ず、そんなことをしては彼女らの性格を損なうという反対意見

カーディフのロース村学校の様子。
先生はひざに鞭を持ち、子どもたちの中には石盤で勉強をしている子もいる。1899年。

ホワイトチャペルにあった無償のユダヤ人学校。
「イヌ」についての授業中と見える。

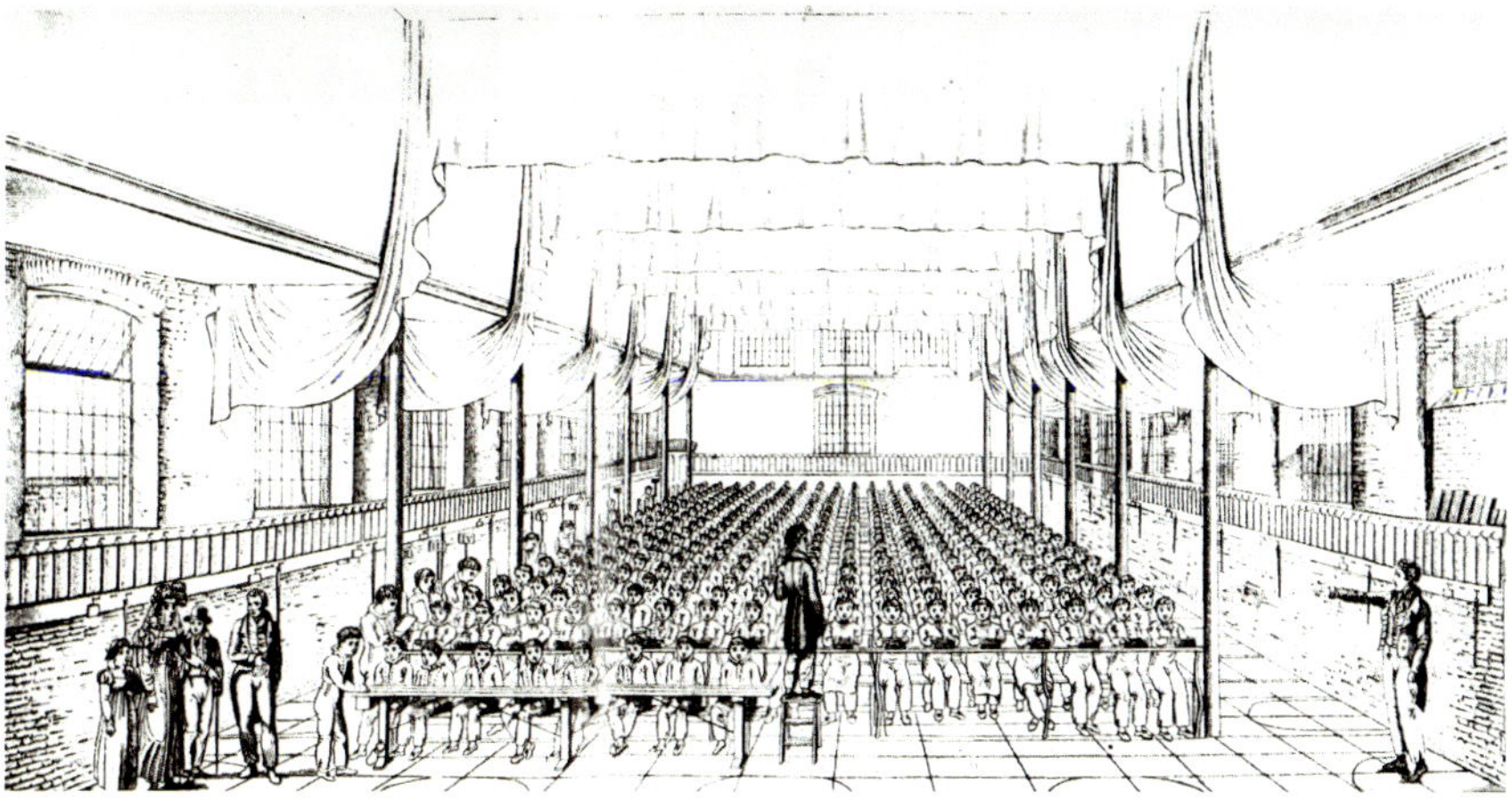

19世紀の初め頃は、監督生を使って360人くらいの生徒を一部屋で教えていた。列の左端に立っているのが監督生でその列を受け持つ。天井のカーテンは騒音防止のためであった。

が出た。また、カレッジのラウンジや安《あん》楽《らく》椅子、洗練された休養の場などを見て、しっかり者で勤勉な学生たちが、怠惰《たいだ》な上流の貴婦人の物まねをすることになりはしないかとの懸念も表明されたくらいで、どのカレッジにも規律、道徳、宗教が非常に重要視され、厳しい規則があった。

『日陰者ジュード』に登場する聡明な女性スー・ブライトヘッドは小学校のときから優秀で、婚約者の学校経営を手伝うため教師の免状を取るべくメルチェスター（架空の地名）のカレッジに行くが、そこに集まる女の子たちは出身地も階級も親の職業もさまざまの雑多な集団で、出される食事は非常にわずかであることが描かれている。また、規則には厳格で、従兄のジュードと外出して朝帰りしてしまったため、スーは退校処分になってしまう。

小学校の教師は、日曜学校の手伝いや、合唱隊の指導など、学校外での仕事も要求されたので、職を得てからもきわめて多忙であり、雑用に追われることもしばしばあった。そんなこともあって、その他の中・高等教育の教師に比べて知的職業とみなされず、薄給で地位も低かった。というのも、体制側にとって、小学校教育を受ける生徒たちは、所詮読み書き算数ができさえすればよく、思想など教える必要はなかったからである。

古い監督生制度の残余

教生制度が取り入れられる以前、大勢の生徒をいっぺんに教える小学校では、経験も資格もない普通の年長の生徒を助手代わりの監督生《モニター》として使っていた。だが、教生制度成立以降も依然として監督生を使っている学校は多く、二〇世紀に入っても助教師の三〇％が監督生だった例もある。監督生の年給は二ポンド二シリングで、大変安く雇えたので、予算のあまりない地方の学校では好まれる傾向があったのだ。

監督制を使った例

フローラ・トンプソンの未邦訳の小説『流れを漂い続けて』(*Still Glides the Stream*)に出てくる監督生チャリティ・フィンチは一三歳半で仕事についた女生徒で、監督生を示すバッジをつけ、いつもポインターと呼ばれる軽い鞭を持ち歩いている。

Column

初等教育の内容と評価

基本となる読み・書き・算数の到達度が六つの（のち七つ）「スタンダード」で判定され、それが全国の共通基準となる。一二歳で卒業するまでにスタンダードVまでいくのが標準的であった。この段階では、短い段落をゆっくり読んだあと、書き出すこと、教科書の単語一覧からつづり方、簡単な掛け算、割り算、分数、少数、金銭を扱う計算をマスターせねばならなかった。非常に実用的な基礎、とりわけ算数は実地に即、役立つことが教えられていたことがわかる（表参照）。

女子に対する裁縫の義務教育は、それまでになかった反復練習方式と実習教材を必要とした。同時に大勢の生徒が同じ練習をしなければならないからだ。こうして布素材別にさまざまな運針やまつり縫いのやり方、ほころびの繕い方、編み物、ボタン穴、袖のつけ方、靴下の編み方など、卒業までには赤ん坊からおとなまでが普段着る下着や寝間着はすべて自分で作れるように教えられたのだ。この教育のおかげで培われた手先の器用さは、ワーキング・クラスの少女たちが卒業後工場に勤めたとき、大変高く評価された。また、女中奉公に出たときでも、お針子になるときにでも即戦力となった。

スタンダードI	R：単音節文を読む W：大文字、小文字を聞いて書く A：20までの数字を書く、10までの数の足し算・引き算
II	R：単音節以上の文章を教科書から読む W：印刷の1行を手書きで書く A：簡単な足し算・引き算、九九
III	R：教科書から短い節を読む W：同じ節をゆっくり読み単語の書きとり A：短い割り算まで
IV	R：もう少し高度な読み物を読む W：同じ本からゆっくり読み数語書く A：お金の単位を含む計算
V	R：初等読本の詩の数行を読む W：初等読本をゆっくり読み一度に数語書く A：重さや長さの単位を含む計算
VI	R：新聞の普通の文章を読む W：新聞の文章、または現代文学の短い節を聞いて書く A：小包の値段の計算

＊1862年改訂版（R＝読み方　W＝書き方　A＝算数）
（*Life in A Victorian School* より）

戸外で行われる家政科の授業、1908年。

これは、幼児クラスで壁にかけた大きなポスターのアルファベットをさすためのものなのだが、実のところ、生徒に命令するとき、机をばしんと叩くのにも必要不可欠のものだった。チャリティはくるぶしに届くほどスカートを長くし、黒か色のついたエプロンをつけていたが、他の生徒たちはひざ下たけのスカートに、白い袖付きエプロンという格好だったため、彼女が監督生であることは見てすぐにわかった。経験も知識もなく、年齢も生徒と変わらないため、チャリティには形から入る必要があったのだ。

小学校の内部の様子（復元）。真ん中の机の上のトレイには砂が入っていて文字や数字を教えるのに使われた。手前のは石盤。教卓の右には計算を教える算盤、背後の黒板にはabcが書かれている。

Column

小学校の建物

一八七〇年の学校教育法の施行により、多くの小学校が急ごしらえで作られたため、納屋のような大きな建物で一部屋しかないことも多かった。そこに、学年も男女の差もなく大人数が詰め込まれ、衝立《ついたて》などで仕切りをして、二、三人の先生が指導する。

やや大きめの学校では三部屋からなることもあり、その場合は幼年クラスと少年クラス、少女クラスに分けられていた。夏は暑く、冬は寒くて、騒音がはなはだしく、衛生設備も貧弱で、居心地がいいとはいえないうえ、遠距離を通わねばならない生徒にとっては苦痛以外の何ものでもなかった。

学校の近くに教員用の宿舎が建てられることもあったが、時には教員だけではなく、助教師や教生も一緒に詰め込まれることがあり、住み心地がいいものでは決してなかった。

納屋のような小学校の建物（上）と、小学校の大教室の内部（下）。

無資格の補助教員たちも、実は能力的には監督生と似たり寄ったりであった。補助教員は全員女性で、その条件は一八歳以上であること、種痘《しゅとう》をしていること、視学官に「授業時間中ずっと通して全般的な生徒指導と縫物を教えることができる」と認められることだけだった。監督生と補助教員という無資格の教員は、その後もずっと雇用され続けた。一八七〇年の調査では、資格のある小学校教員一万二四六七人に対し、補助教員は一万六六一二人、一八八〇年になると有資格者は三万一四二二人、補助教員は三万二一八二人。どちらも四分の三近くが女性で占められていた。一九〇〇年になっても補助教員はまだ全国で一万七五一二人いた。

生徒と先生の関係

どちらも同じ社会的階層の出身ではあるが、生徒と先生の関係は、あまりいいとはいえなかった。生徒側の学校に対する執拗《しつよう》な反抗は、出席の強要、体罰《たいばつ》、不公平な扱いなどに対するものであったが、それらを単なる反発と見るのではなく、押し付けられた価値観に対する階級闘争であるとみなす向きもある。

厳格な体罰主義者で教師として不適格だとして生徒に憎まれていた先生の一例は、ウェールズの政治家、アナイリン・ビーヴァンの幼少期の回想の中に出てくる。彼は、自身も乱暴で自分勝手な生徒であったが、トレッジャー校長を「いじめばかりするきどりやだった」と憎しみを込めて回想している。彼の学校時代は、校長とのけんかが生活の中心だった。

よい関係が築けた場合もあった。フレッド・キッチンというサウス・ヨークシャーの少年の証言では、「今までの校長の中でも一番素晴らしいおばあちゃん」と呼んでいる。ときどき生徒にお菓子を買ってくれたし、近くのホールで闘犬《とうけん》の試合があると連れて行ってくれた。「いつも感謝しているのは、すぐれた文学を愛し崇《あが》めることを教えてくれたことです」。

ロンドンのバーグウィン先生は、困窮《こんきゅう》している子どものためにただで夕食をふるまってくれたうえ、家で年下の子どもの面倒を見なければならない子どものために、年下のきょうだいを連れてこられるように託児所まで開いてくれた。

オックスフォードシャーのメアリー・

フローラ・トンプソンの自伝的小説『ラークライズ』原書表紙。

生徒たちは先生が見えるように階段状の席に座っている。1874年。

デュー先生は、貧しい生徒にいらない靴を配ろうと村中を回ってくれたし、病弱な少女のためにポケットマネーで朝の休み時間にミルクを飲ませたりもした。彼女は生徒たちのために週刊誌を取ってやり、ヴァレンタインデイにはケーキをふるまった。卒業しても連絡するようにいい、多くの生徒がそうしていた。

Column 学校の規則

きちんとした服装、靴の着用、清潔、時間厳守が強調されている。

集団生活で、インフルエンザなどの病気、しらみなど害虫がうつることが懸念されていた。しかし、この規則のため生徒の欠席の理由でもっとも多いのが「靴がないから」であることもあったのだ。

一八六七年ローアー・ヘイフォード国民学校の規則は次のようなものである。

❶生徒は週日は毎朝九時一五分前に必ず登校すること
午後は二時一五分前に登校すること、ただし土曜は休みである

❷日曜には午前は＊＊時に、午後は＊＊時に登校すること

❸授業時間は夏は九時から一二時、二時から五時。冬は九時から一二時、二時から四時。

❹生徒たちは身体も衣服も清潔できちんとして登校すること

❺生徒は教師の許可なく退出してはならない

❻欠席届は口頭でも文書でもいいが、欠席するより前に必ず届けること

❼遅刻や欠席の場合、親にその理由を問う質問状が届けられる

❽質問状に答えがない場合、親からちゃんとした理由が伝えられない限りはその生徒は学校に来てはならない

❾生徒は毎週月曜の朝、前払いで＊＊ペンス持ってくること
一家族で学校にくる子が三人いる場合は三人目から無料とする

❿六歳以下の生徒は受け入れない
種痘の接種をしていない生徒は受け入れない

（一八六二年　ローアー・ヘイフォード　国民学校の規則より）

出来高払い制度

教師と生徒の関係をさらに険悪《けんあく》なものにしたのは、出来高払い制度と呼ばれる視学官による学校序列づけである。年に一度、国が定めた勅任視学官（ハー・マジェスティーズ・インスペクター・オブ・スクール）が小学校を監査し、試験を行う制度が定められた。一八六二年から、個々の学校はこの視学官の視察を受け、試験の結果、生徒の成績向上に応じて国の支援金を割り当てられるようになったのである。試験は3R（リーディングのR、ライティングのR、アリスメティックのR）と呼ばれる読み書き算数に限られていたので、小学校は基礎学力の底上げに力を注ぎ、少数の意欲的な生徒を見捨てても、基準到達に精を出すようになった。

このため、小学校のレベルが大幅に下がったのは言うまでもない。視学官の参観と試験は、生徒にとってのみならず教師にとってもとてつもない試練であった。そのうえ、初等教育を3Rに限定し、（ただし女子は裁縫が必須）なかなかその他の科目が増えない原因ともなった。

体罰

一八七〇年の学校教育法施行により、小学校を大幅に増設する必要が出てきたが、多くは間に合わせの納屋のような建物が多く、大人数を収容していた。しかも小学校は複式学級であり、一つの教室に五〇人から一〇〇人在籍することもあった。この人数に一人の教師だけでは到底対応できない。しかしここで活躍するべき助手は、こうして生徒の間から選ばれた監督生《モニター》だったり、雇用された教生《ピユーピル・ティーチャー》だったりした。そのため、しばしば授業は丸暗記とドリルワークの繰り返しとなり、単調なものになりさがり、できない生徒たちには容赦《ようしゃ》なく体罰が与えられた。教室がたいへん騒がしく、集中力を保つのが困難であったことは想像に難くない。法律ができたおかげで、やる気もないのに学校へやられる生徒たちの遅刻や欠席、怠慢《たいまん》を取り締まるには実力行使しかなかった。

一八七六年にオックスフォード州に生まれたフローラ・トンプソンは、自伝的小説『ラークライズ』(Lark Rise, 1939)の中で、「先生はやる気のない生徒を鞭打ったが、これも仕方がないことだった。一一歳くらいの男の子といえども卒業すれば一人前の労働者なのだ。女教師を敬う心などなかったし、教師より力も強かった。女の子への罰は手を頭にのせて教室の隅に立たせることだった。新しい考え方の先生が『皆さんお友だちになりましょうね』と言おうものなら、生徒になめられてしまい、収拾がつかなくなって辞めざるをえなくなったのだった」と述懐している(第一一章)。

相手が女の子であっても、手のひらを鞭《むち》で打つ。または、教室の隅に立たせておく、といったような罰が下された。「バカ」の象徴としてDの字がついたかぶりもの(バカ帽子)をかぶせられ、立たされていることもあった。

希望に燃えて教員を志した低所得家庭

[上]手のひらに鞭打ちの罰を受ける少女。HPヴィクトリアン・スクール・ウェッブより。
[下]DUMBの略としてDの字がついた「バカ帽子」をかぶらされ、立たされている女の子。HPヴィクトリアン・スクール・ウェッブより。

1870年代のロンドンの小学校。
異なる学年の生徒を一部屋で、校長、教生、監督生がそれぞれ教えている。

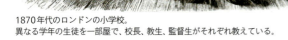

の少女たちも、かなり厳しい現実に直面することになるのであった。
　罰のためのバカ帽子は、ディケンズの『骨董屋』（*The Old Curiosity Shop*, 1841）にも出てくる。逃亡の旅に出た祖父とネルに親切にしてくれ、泊めてくれた学校の教師が使っている教室の描写は次のようなものだ。

「長腰掛けがふたつあり、それは一面に刻み目をつけられ、インクのしみのついたものだった。四本脚の小さな縦板づくりの机がひとつあったが、これは、たしかに先生の座るものだった。高い棚には、隅のめくれ上がったわずかな本があり、そのわきには、木製ごま、球、凧、釣り糸、おはじき玉、食べかけのりんご、その他なまけ者の腕白坊主どもからの没収品のがらくたの山があった。こうした腕白坊主をふるえあがらせて、壁の鉤の上には鞭と定規がかかり、その近くで、小さな独立した棚の上には、古新聞でつくり、この上なく大きくけばけばしい封緘《ふうかん》紙で

［上］ディケンズ『骨董屋』の挿絵より学校の先生との再会のシーン。
［下］ディケンズ『骨董屋』の挿絵より学校のシーン。

Column

小学校教員の服装

多くの女性教員は、黒くて裾の長いスカート、襟が高く詰まった白のブラウスに黒いジャケットを着用し、髪は丸い髷にしてアップにしていた。教員養成学校は学位を出すことはないので、角帽が正装となることはなかった。

飾り立てたバカ帽子があった」（第二四章）

『骨董屋』はまだ学校教育法が施行される前の時代を描いているが、この教室の描写は、その後の小学校のそれと大差ない。一〇人ばかりの四歳から一四歳までの少年たちがここで学んでいるのだが、怠け者の坊主どもが騒ぎを起こす様子も描かれており、先生もなかなか苦労が絶えない。だが善良なこの先生はのちに昇進してよそに引っ越すことになる。

　言い換えれば、村の学校に終身勤めるような男性教員には、いろいろとよくない事情があったのだろうということになる。

　ＴＶドラマ『ダウントン・アビー』シーズン4〜5には、村の小学校の女教師サラ・バンティングが登場する。左翼の社会主義者でワーキング・クラスの彼女は、過激なものの言い方で屋敷の人々をぎょっとさせることがしばしばである。もと運転手でグランサム伯爵の三女のシヴィルと結婚したため今は貴族の暮らしを余儀なくされ、居心地のよくない思いをしているブランソンはひそかにサラに惹かれ、彼女もブランソンの苦境を知ってけしかけてくる。結局ブランソンは、彼女の誘いには応じないのだが、サラは学問への興味を持ち始めた台所女中のデイジーに数学を教えようと申し出る。教育は、最下層の女中にも転職の機会をもたらすのである。

　設定は一九二四年なので、サラ・バンティングは、初めて小学校に行き、その後志あって教師になった女性たちに育てられ、のちにその出身階級の解放をめざして闘う社会主義者となっていく時代の人といえるだろう。

ロウアー・ヘイフォード村小学校の女性校長メイ・デューと、その家族。1867年に就任した。夫はこの地域のスクール・アテンダンス・オフィサーだった。

Column **スクール・ペンス**

毎週、スクール・ペンスと呼ばれる謝金が各生徒から集められた。一ペニーか二ペンスである。収入によって課せられる額が変わってくるスライド制が適用されることもあり、その場合、農場の子どもや商人の子どもには三、四ペンス課せられた。家族が多かったり、父親が失業中であったりすれば支払いは難しい。支払いができなくて、家へお金を取りに追い返される場合もあった。一八九一年になって初めて初等教育はほぼ無償となった。それまでも、地方の慈善家が貧しい子どもたちのために支払いをするということもあった。

2 生徒たち

働く子どもたち

ワーキング・クラスの家庭では、学校に行くあいだも、子どもたちが家事の手伝いをするのは当然のことで、男の子たちは石炭や水を運んだり、外の掃き掃除、使い走りなど、女の子は子守や週一度の洗濯の手伝い（その日は学校は二の次）などをして働いていた。

ウェールズ生まれのリグリー夫人の記憶では、彼女は一八六〇年代、母が一シリングの日給でお針子の仕事に出かけている間、子守を引き受けていた。また、二マイル歩いて暖炉にくべる石炭を拾ってきたり、農場へバターミルクを買いに行ったり、井戸へ水くみに行ったりしていた。土曜には、隣近所の裏庭と床を掃除して、時給一ペニーを稼いでいた。これにはパンとバターのおまけがついていた。週日は、鉱山で働く人たちにお弁当を届ける仕事をして週二ペンスもらっていたという。

洗濯屋を営む女性の子どもたちはさらに大変な仕事を受け持っていた。年上の子どもが桶と洗濯板を扱って仕事をする中、年下のほうは洗濯物の束を仕分けしたり袋に詰めたり、アイロン場に持っていったり、最後に仕上がった洗濯物を依頼主のところに届けにいったりしていた。ある女性は、子どもの頃自分たち姉妹が夜遅くまで絞り機《マングル》を回して働き、翌朝、

ミルクを撹拌してバターを作る少女。

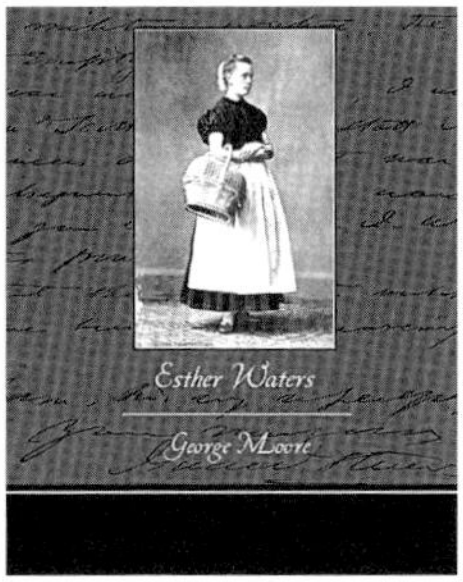

[左]ジョージ・ムアの肖像画。
[右]ジョージ・ムア『エスター・ウォーターズ』原書表紙。

Column 学校教育法制定以前の小学校教育

ワーキング・クラスの子どもたちが、読み書き算数と、宗教教育を受けることができたのは、教会が主体となって無償で教育を施していた日曜学や慈善学校においてであった。しかし、教師に資格があったわけではないし、内容もまちまちで、生徒の出席状況もむらがあったため、あまり教育効果が上がらなかった。

宗教的な慈善学校にはシャーロット・ブロンテの『ジェイン・エア』(*Jane Eyre*, 1847)に出てくるローウッド慈善学校のような寄宿制のものもあった。この学校は、偽善的な経営者の管理不行き届きのため、環境が悪く食事も行き届かない極悪な状況であったことが描写されているが、これは作者シャーロット・ブロンテの実際の経験がもとになっており、彼女の実姉二人は、栄養不足と病気のため亡くなったのであった。モデルとなったカウアン・ブリッジ校の実情は、のちにエリザベス・ギャスケルの『シャーロット・ブロンテの生涯』(*The Life of Charlotte Bronte*, 1857)で取り上げられ、社会問題となった。

週に四〜五ペンスという低料金で、年配の女性《デイム》が自宅で子どもたちを教えるおばさん学校《デイム・スクール》と呼ばれる学校もあったが、彼女らに教師の資格があるわけではなく、五、六人の子どもを集めて面倒を見るという、ほとんど託児所代わりのようなものが多かった。

ヴィクトリア朝の初期、小学校教育は宗教団体に委ねられていた。英国国教会は一八一一年にナショナルスクール国民学校系と呼ばれる初等教育支援団体を設立。非国教会系団体は一八一四年にブリティッシュスクール英国学校系の団体(初期形は一八〇一年に設立)を作り、初等教育の学校の基礎を築いた。カリキュラムは、3Rの基本科目に女の子にだけ裁縫が加えられたものである。

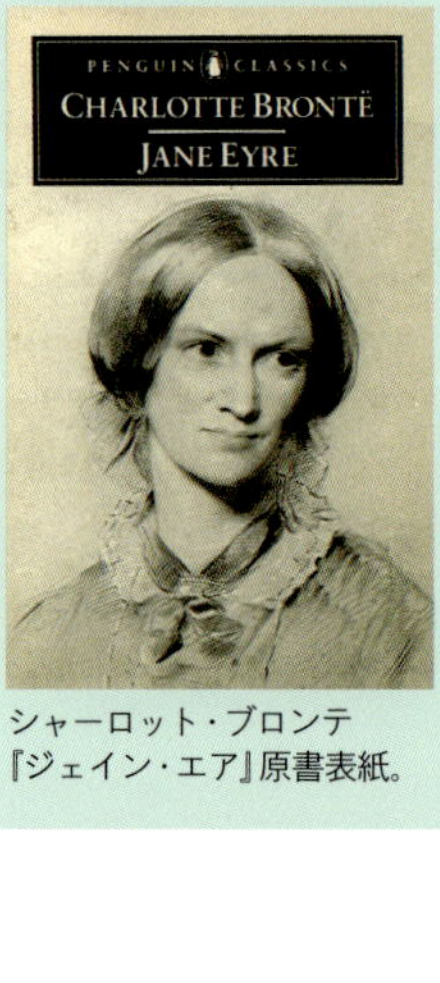

シャーロット・ブロンテ
『ジェイン・エア』原書表紙。

学校へ行く前にできるだけたくさんの洗濯物を乾かして、お客さんに届けようと頑張ったことを覚えている。絞り機に支配されているような気がした。と彼女は述べている。絞り出すのは洗濯物だけじゃない、若い命も絞っていたような気がする、と。

ジョージ・ムアの小説『エスター・ウォーターズ』(*Esther Waters*, 1894)の主人公、エスターは再婚した母親が子だくさんで子守の手が必要だったことと、ペンキ職人の父親の暴力から母を守る必要にも駆られて小学校へは行けなかった。もう初等教育義務化のあとの話である。その後、女中奉公に出たエスターは、さまざまな局面で自分の文盲《もんもう》を恥じて隠さねばならなかった。

農家の子どもたち

小さな農家なら男の子は草取り、枯れ草作り、刈り入れの手伝いをし、女の子は家畜の世話、鶏の世話などをした。カーディガンの村の典型的な農家では、一〇歳の少女が乳しぼりの手伝いのみならず、母親のバター作りの手伝いをして攪《かく》拌機《はんき》を回していた。一五歳にもなれば、農家を切り回す仕事は通りいっぺんできるようになるのが普通である。このような家族の手伝いは無給であり、規制するのも難しかった。当然のように農繁期には学校より仕事が優先される。

先に引用したハーディの『日陰者ジュード』の主人公も、親を亡くして大伯母のところに世話になっており、昼間は近くの農場に雇われて鳥追いの仕事をしている。彼が学校に行くのは夜間部であった。

農村では、女性や子どもたちをマスターが束ねて農作業に従事させる集団を、パブリック・ギャングと呼ぶが、この集団では労働時間の制限は守られないことが多く、一八七〇年の学校教育法が定まってようやく強制的に子どもたちを学校へ行かせるようになった。とはいえ、農業は子どもの頃からやらないと身につかない、学問などをすると野心を持ってしまい、農業をやらなくなる、といった理由で、子どもたちを学校へ行かせることにはあまり気乗りしない人が多かった。農繁期《のうはんき》になると手伝いのために学校を欠席するのは、いわば当たり前のことだった。

畑を荒らす鳥を追い払う仕事をしている少年。
子どもがよくやらされる仕事である。

おばさん学校の様子

おばさん学校《デイム・スクール》がどのようにいいかげんなものであったかということは、チャールズ・ディケンズの『大いなる遺産』(*Great Expectations*, 1860-61) を見ればわかる。主人公のピップは、親を亡くして姉夫婦に育てられている。年の離れた姉も義兄もほとんど書くことも読むこともできないといっていいほどである。ピップは昼間は義兄の鍛治場や近所の臨時雇いをして働き、夜は村のウォプスルさんの

日曜学校の様子。牧師の娘が先生を務めている。

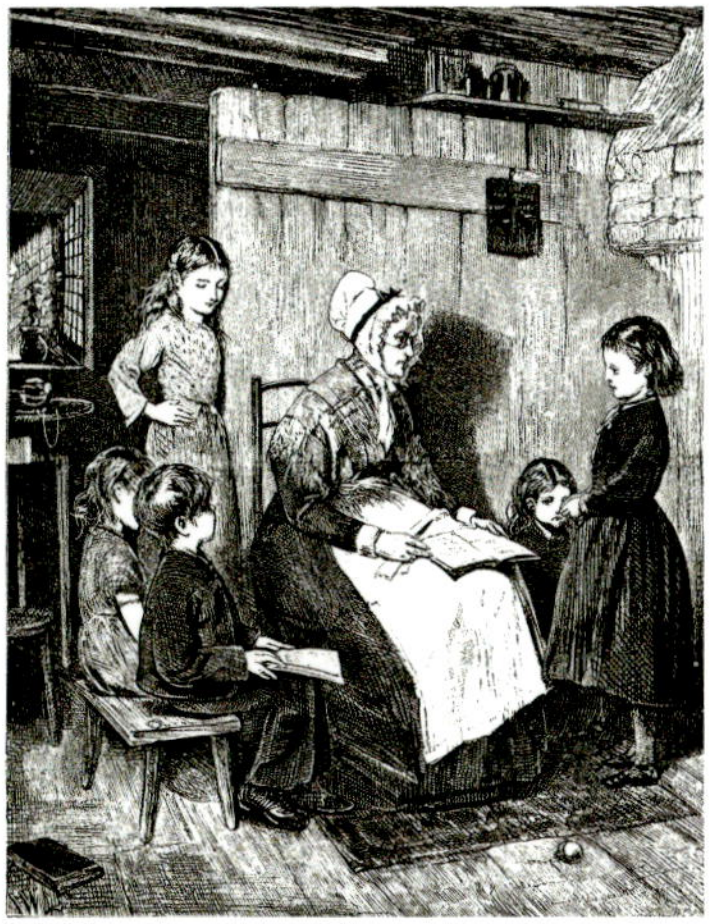
村の学校の先生。おそらくおばさん学校。

大おばさんがやっている夜学の塾に通っていた。しかし、このおばさん先生は、「晩の六時から七時まで、彼女がこくりこくりするところを見物するという、教育的な機会を与えられるために、毎週二ペンスずつはらう子どもたちといっしょにいて、いつも眠りこむ」（第七章）だけの存在であった。この部屋は大おばさんの寝室でもあり居間でもあり、しかも昼間は雑貨屋を兼ねていて、孫娘のビディがすべてのお金の計算をしていた。ピップがなんとか読み書きと計算ができるようになったのは、賢いビディが教えてくれたからで、決しておばさん先生のおかげではなかった。教科書はといえば、ぼろぼろにすりきれた数字、アルファベット、つづり字、掛け算が書いてあるものが生徒全員に一冊、鉄さびだらけであらゆる死んだ虫がはさまっている読みづらい聖書が三冊。野心を抱いていなかったら、到底ピップが読むことを覚えるのは無理だっただろう。

イギリスの中部地方のレースや麦わら

ノーフォークにあったおばさん学校の様子。

金属加工の実務訓練を受ける生徒たち。
1890年代から職業訓練もカリキュラムに入ることが多くなった。

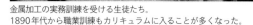

縫物、繕い物、仕立てなどを習う小学校の女子生徒たち。

帽子などを作る手工業のさかんな地方では、そのスキルも教える小学校があったことも記録に残っているが、そういうところでは3Rは二の次であった。だが小学校自体がなかったわけではない。国家の経済的発展のため、生産性を高めるため、国民の倫理観を向上させるため、さまざまな理由で、教育のすそ野を広げることは必要だと認識されていたのである。

工場の子どもたちとハーフ・タイム制

工場、とくに北部の織物工場では、幼い子どもたちがお金のために重労働を強いられていることが批判を集めていた。一八四四年の法律で、九歳から一三歳の工場で働く子どもは、一日に三時間、小学校へ通わねばならないと決められた。これをハーフ・タイム制と呼ぶ。一八七四年からは一〇歳以上でないと工場で働けなくなり、織物工場だけでなくほかの職種にも適用された。だが家事労働と農業については、これに含まれなかったし、鉱山労働の場合は年齢の問題でハーフ・タイム制の適用はなかった。これにより、工場の児童労働者は、一般の子どもたちに先んじて「義務」教育を受けることになったわけだ。

しかし、労働と教育が一体となったこの制度はかなりつらいものであり、一〇歳で織物工場に働きにいった一八六三年生まれのベン・ターナーの場合、朝六時に仕事開始、一二時半から三〇分の朝食休憩、午後二時から四時半まで学校に通

内職の風車作りの手伝いをする少年。

ハーフ・タイム制で工場と学校を往復する子どもたち。

ヴィクトリア朝の学校で体罰は普通のこと。子どもたちは不安げにしている。

うことになる。次の週は、朝九時から一二時まで学校、午後一時半から六時まで工場労働、このシフトが繰り返し続いたという。彼の仕事は週給二シリング六ペンスであった。

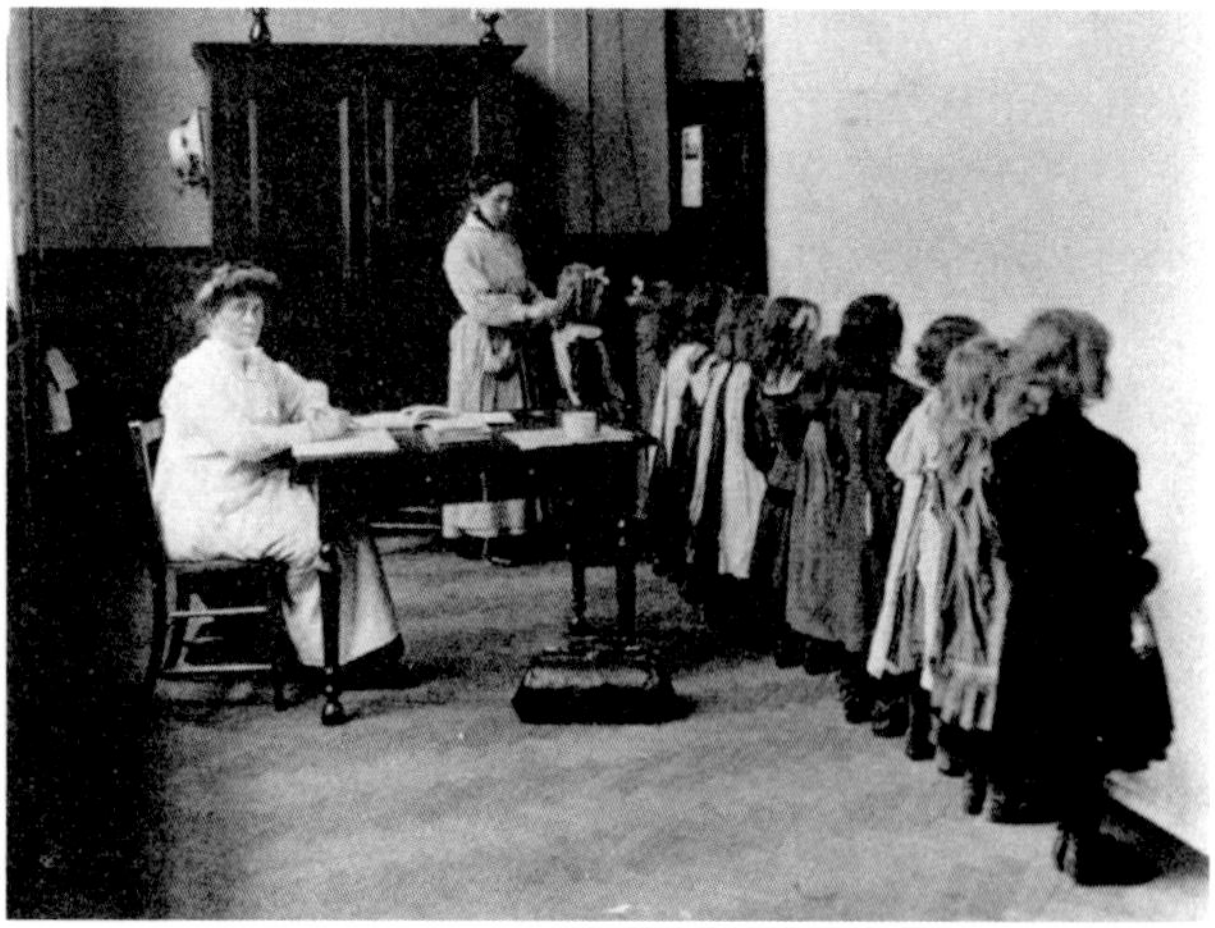

スクールナースがシラミの検査をしているところ。バーモンジーのチョーサー小学校にて、1911年。

多くの働く子どもたちはおとなと同じように働いてお金を儲けることを誇りに思っていたが、同じように勉強するのを好んだとはいいがたい。ハーフ・タイム制の授業中に眠ってしまったり、疲労のあまりさぼったりする子もあとを絶たず、厳しい労働中の休憩時間代わりになっていた面が大きい。普通の生徒のために制定されたカリキュラム通りの成果を期待するのは酷なことだった。

ハーフ・タイム制で学校に来る子どもはやる気がないので先生に評判が悪かった。しかも、授業進度の違う彼らは、学校の日常のルーティーンを破ってしまう。とくに六二年から、ハーフ・タイムでもフル・タイムでも生徒は同じ成果をあげねばならなくなったから余計に、彼らの存在は小学校の評価の足を引っ張ることになってしまった。

農村にしろ、都会にしろ、ワーキング・クラスの人々の間では、幼い子どもも立派に経済の担い手であったから、学校教育によってその収入を絶たれるのは厳しいことだったのだ。一九〇一年、ロンドンのリカルドストリート学校の女校長は、自分の生徒の四分の一は空き時間にお金を稼いでおり、その中の半分は家庭が貧しいため、絶対必要な仕事をしていると証言している。たとえばある女の子は、父が不治の病で働けず、母がズボンの仕立てをして暮らしており、彼女はその手伝いをして週に六〇時間働いてい

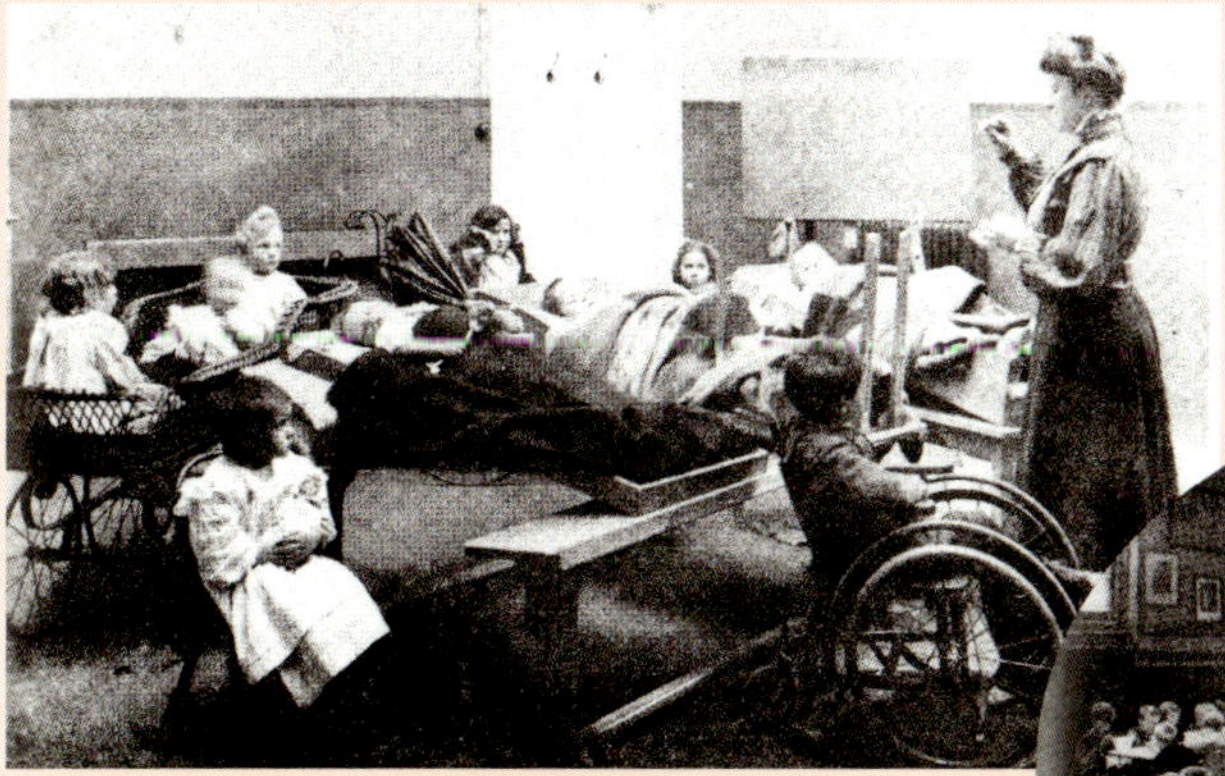

貧民学校では無料の朝食と昼食のサービスが受けられた。

［左上］病院内の教室で授業を受ける脚に障害のある子どもたち。
［左下］障害を持った子どもたちのための支援学校もできた。これは聾学校で少年たちが靴作りの技術を学んでいるところ、1908年。

Column 初等教育と児童福祉

初等教育への関心が高まると同時に、子どもたちの住環境や健康・衛生状態にも焦点が当たることとなる。一八四〇年代には大都会のストリート・チルドレンに、基礎教育と衛生の知識、無料の食事と衣服、手に職をつけさせることを目標とした無償の貧民学校が建てられ、一八五二年にはロンドンを含む四二の都市にその施設ができた。日曜学校からすら締め出されていた最貧層の子どもたちも、こうして教育の機会を得ることができるようになっていく。

犯罪に手を染めた子どもたちには、年齢やその犯罪の中身によって、更生施設や職業学校が準備され、宗教教育と手に職をつける機会が与えられた。だがその中身は非常に厳しい規則のもと、労働が課されるようなものであった。

こうした福祉的な施設の目的は、労働に従事できる人材養成と犯罪予備軍阻止であり、階級性を確固として維持したまま、道徳的向上をめざして、人々をコントロールし、社会の安定と繁栄を保証するための富国強兵事業であったことは否めない。

るという。また、ヴォックスホールストリート学校では、ウィークデイにちゃんと出席した男の子に、「ご褒美」として日曜に仕事をしていいと許可した例もある。朝九時か一〇時から夜遅くまで使い走りをしている子が二五人いた。

教育機関のほうがお目こぼししてくれることもあった。八人きょうだいの一番上のフローレンス・プラマーの場合、父は蒸発、母は働けず、慈善に頼って暮らしていた。きょうだいの二人は病気で寝たきりで、フローレンスが働かないと一家は救貧院行きとなる。ロンドン教育委員会はフローレンスの除籍《じょせき》を認めた。

通学

小学校が近くにあるとは限らなかったので、子どもたちは時には長い道のりを朝早くから歩いて通わねばならなかった。たとえば、農村のある朝の風景を思い描いてみよう。

朝五時頃、子どもたちは起きると顔も洗わず身支度する。寝間着を着て寝ている子は珍しく、ほぼ全員が下着で寝ている。一つのベッドにきょうだいが四人寝ているということも多かった。

女の子の下着は、キャリコのシュミーズと下ばきだったが、このキャリコというのは、教会や慈善団体、地元の金持ちからのクリスマスプレゼントだった。この布地を使って下着を縫うのが、小学校へ通う女の子の必修の裁縫だったのだが、初めての裁縫で、布は血だらけ泥だらけ、とうてい着られたものではなかったという人もいれば、それでも洗濯を繰り返して布が柔らかくなるまで使い込んだという人もいる。

顔を洗わなかったというのは、水がたいそう貴重だったためである。子どもたちは週に一回風呂に入るか入らないかというのが普通だった。下着を替えるのはそのときである。替えの下着がないときは、寝床に入って乾くのを待つのだ。ココナッツの殻に入った黄色の石鹸を使ったが、女の子の場合、長い髪を洗うのは大変だった。とりわけ硬水しかない沼沢地方では、一年に二回くらいしか髪を洗えず、一本のおさげにして垂らしていた。これでは、髪に棲むシラミやその卵などは避けられず、集団で生活する小学校においてはこれがうつるという大問題を引き起こした。

朝ご飯には薄い紅茶、ラードか肉汁をつけたパンを食べる。小学校では時間厳守と清潔を厳しく指導していたから、子どもたちは早めに家を出た。とくに家が遠い子どもはハンカチにお弁当をくるんで持っていった。行き帰りの道は子ども同士で遊びができるし、折々の季節の食べられる物もあって楽しい経験だった。わびしい朝食を埋め合わせるかのように、イチゴ類やナッツ、畑のターニップ、春

ホランドストリート小学校にて、保護者を交えて健康相談。

にはサンザシの若い芽（パンとチーズと呼ばれていた）、プリムローズ、サクラソウ、夏にはクラブアップル、黒イチゴを、道々とって食べることができた。冬には、手を温めるために焼きジャガイモを持って出かけ、食べながら学校への道を急いだ。

しかし、天気が悪いと悲惨だった。しっかりした靴を持っている子は少数だったから、てきめんに欠席が増えた。事実、生徒の欠席理由の一番は、靴と服が足りないことだったのである。世紀末になってようやく機械で作った靴が安くなり、子どもの靴の状態もましになった。

どの子も着ている服はおさがりである。女の子はくすんだ布のドレスに、プリントの袖付きエプロンをかけ、黒い靴下、四角い釘を打った硬いブーツをはく。男の子はすり切れたお父さんの古着、大きすぎてずりおちるズボン、首にマフラーを巻いて、釘を打ったブーツ、革のゲートルをはいていた。しかし運悪くおさがりをくれる人がいないと、男の子でもスカートとエプロンを着用せざるをえなか

[右]春一番に咲くプリムローズ。
[左] 初夏に黒い実をつける黒イチゴはそのままでも食べられるし、たくさん取ればジャムやケーキにできる。

[上]歯の磨き方を女子生徒たちに教える。小学校での衛生教育もさかんになった。
[下] ブラッドフォードでは市の児童福祉プログラムとして学校に共同浴場が作られた。浴場といっても個々のバスタブが備え付けられたもので男子生徒たちが入浴している。

った。

学校に着くとコートと帽子を釘に掛け、机がぎっしり並んで動けないほど混んだ教室の座席についた。大きな部屋でも暖炉が一つしかないなど、暖房状況はあまりよくないし、換気も悪くて夏はひどく暑かった。通学路で服や靴がぬれても、乾かす場所がなかったから、冬にはしもやけに悩む子どもたちが少なくなかった。

休み時間や遠足の楽しみ

それでも、学校には楽しいこともあった。読み方を教わった生徒は、それまでは中流階級の子どもたちにしか許されていなかった読書の楽しみを知った。読み方の教科書ロイヤル・リーダーズには、難しすぎるものもあったが、楽しい読み物も含まれていた。おかげで子どもたちは、ロバート・バーンズやテニソンの詩に親しみ、バランタインの『サンゴ礁』（*The Coral Island*, 1858）、デフォーの『ロビンソン・クルーソー』（*Robinson Crusoe*, 1719）といった冒険小説に夢中になり、スコットの『アイヴァンホー』（*Ivanhoe*, 1820）のような歴史小説に胸躍らせ、クーパーの『モヒカン族の最後』（*The Last of the Mohicans*, 1826）のとりこになった。

たいていの学校の校庭は、放課後や休み時間にすべての生徒が遊ぶにはあまりに狭すぎ、子どもたちは道路にはみ出して遊んでいた。遊具やおもちゃはなくとも、おはじきや、ボール代わりのブタのぼうこう、古い缶からを使ってのフットボールがさかんだった。女の子は母親からもらったあまりの洗濯綱で縄跳びをしたり、伝統的な遊戯、「オレンジとレモン」「クワの周りをまわろうよ」などをやっていた。男女ともに遊ぶのは、こまやフープ遊びで、石けりやカエルとびも一緒にやった。トチの実を使ってやるコンカースという遊びは、秋になり実が落ちる頃の楽しみだった。大きくてつややかなトチの実に穴をあけて紐を通し、ぶっつけあって相手の実を割ったほうが勝

本を読むことはあらゆる階級の子どもたちの楽しみになった。

「オレンジとレモン」の遊戯を楽しむ子どもたち。
ケイト・グリーナウェイ画。

つやつやした茶色のトチの実。
紐をつけ、ぶっつけあって遊ぶ。

縄跳びのロープを持つ少女。
安価で手に入れられる遊具である。

ちという遊びである（現在に至るまでさかんな遊びで、今はなんと選手権大会まである）。

学校行事に組み込まれたお祭りは、裕福な人々の寄付で開催された。とりわけクリスマスには、小学校にお茶とお菓子、おもちゃのプレゼントと果物が届けられた。このような催しは、生徒たちにとって楽しみなものであったとはいえ、実のところ、当時のイギリス社会の階級制度を裏打ちするものでもあった。ワーキング・クラスである小学校の生徒はみな、社会的強者の善意を慎み深く受け止めるべきだという前提のもとで行われていたものだからだ。

下町でウマとびに興じる子どもたち。

ホップの畑で摘み取り作業をする人々。

エセックス州のストック、風車（復元）のある風景。

生徒たちの娯楽のためには、善意の人々から資金が集められ、学校に付属するクラブが作られた。たとえば、一八八〇年代、社会主義者ロバート・ブラッチフォードが設立したのは、シンデレラ・クラブと呼ばれるクラブだった。これは貧しい子どもたちに食事や衣服だけでなく、旅行の企画、コンサートやその他さまざまな社交活動を提供するものだった。同様の基金から、田舎の休暇の家や、海の家も作られた。

大都会は子どもにとっていい環境ではないと考えられており、子どもカントリーホリデー基金、新鮮な空気基金など、ロンドンの子どもたちを田舎で過ごさせる企画もあった。そんな企画のおかげで子どもの頃田舎体験をした人はこのように証言している。

「九歳のとき、エセックスのストックへ行った。ほんものの田舎だった。最初の印象は、田舎の空気の匂いで、ベスナルグリーンの埃っぽい空気とは大違い。牧場と草花の咲く野原、羊と牛が草を食《は》んでいて、野菜畑、リンゴ果樹園、小麦畑の穂が風に揺れている。別世界から来た子どもにとって見慣れぬものばかりでわくわくした」

ケント州にホップを摘みにいく遠足というのもよく行われた。ホップ摘みは子どもの健康にいいと考えられていたから、教育委員会のお墨付きで勉強をあと回しにすることができた。

ケント州に住んでいた女の子の記憶では、

「ロンドンからぼろ服を着たはだしの子どもたちが大勢到着した。子どもとその親は急ごしらえの小屋やテントに

Column 更生施設

一八五〇年代から、罪を犯した子どもたちやケアが必要な子どもたちには、寄宿制の更生《こうせい》施設と職業学校があった。更生施設は一六歳以下の子どもたちを収容しており、一四歳以下の軽犯罪に手を染めた子どもや両親に養育放棄された子どもは職業学校へ入った。こういった施設では罰則が非常に厳しく、習う内容は手に職をつけるためと、宗教教育を徹底するものだった。

泊り、キャンプファイアーで食事を作った。朝七時から五時半まで働き、手が汚れるきつい仕事だったけれど、いつもの町での仕事とは違うので喜んでやってくれ、同じ人たちが毎年やってきた。働きながら、流行りの歌を歌い、仕事が終わると、イチゴを摘んだりキノコを集めたり、トランプ、ドミノ、コンカー、おはじきなんかを火の周りでやって遊んだ。土曜の晩は即席パーティをやったりした」

もっと広まっていたのは日曜学校の催しだった。合唱隊は教会に必ず一つ以上あったし、音楽会、ピクニック、コンサートなど日曜学校主催で行われ、ワーキング・クラスの生徒たちとその親たちの大きな楽しみであった。

小学校を終えると

卒業に必要な年や年齢は時代によって違うし、地方によっても変わってきた。しかしどちらにせよワーキング・クラスの生徒はそこから本格的に仕事に就くことになる。男の子は徒弟奉公に、女の子は女中かお針子に、というのが一般的な道だった。しかし一日中拘束される住み込みの見習い仕事や家事奉公より、夜になれば家に帰って自由な時間を持てる（と思われていた）工場労働者のほうが人気が高かった。小学校を出ていて、読み書き算数ができるという程度の教育は、これらの仕事に役立った。

初等教育が義務化され、識字率《しきじりつ》がほぼ一〇〇％に近づいた一九世紀末になると、ジョージ・ギッシングの『三文文士』（*New Grub Street*, 1891）に揶揄《やゆ》的に「生半可《なまはんか》以下の教育を受けた読者大衆」と呼ばれた読み手が生まれる。「公立小学校が毎年何十万と送り出している、ものを読みたがっている男女」、まさにこの人々の読書ニーズに応えるために、『ティット・ビッツ』（1881）が、そして『ストランド・マガジン』（1891）が刊行されたのだ。知る人ぞ知る、「シャーロック・ホームズの冒険」を連載した雑誌である。そして子どもたちは、一八七九年、一八八〇年と続けて刊行された『ボーイズ・オウン・ペーパー（BOP）』、『ガールズ・オウン・ペーパー（GOP）』といった週刊誌のとりこになった。

この、もともとはワーキング・クラスでありながら、教育などの恩恵《おんけい》によって事務職や小規模な商人になり、ミドル・クラスの仲間入りを果たした人々をロウアー・ミドル・クラスと呼ぶ。勉強することが出世への道であると知って野心的に努力する若者たち、女中やお針子、女工でなくても何かの職に就《つ》けるかもしれない、と夢見る娘たちに、『BOP』や

『ストランドマガジン』第1号。1891年。

「海軍条約」の挿絵で、汽車の車窓から学校の建物を見るホームズとワトソン。

少年たちに愛読された『ボーイズ・オウン・ペーパー』第2号表紙。

THE BOY'S OWN PAPER

No. 2.—Vol. I. SATURDAY, JANUARY 25, 1879. Price One Penny. [ALL RIGHTS RESERVED.]

FROM POWDER MONKEY TO ADMIRAL:
Or, the Stirring Days of the British Navy.

By W. H. G. Kingston,
Author of "Peter the Whaler," "True Blue," etc.

CHAPTER II.—HEAVING UP THE ANCHOR.

As soon as the boys' names were entered, they were sent forward, under charge of the ship's corporal, to obtain suits of sailor's clothing from the purser's steward, which clothing was charged to their respective accounts.

The ship's corporal made them wash themselves before putting on their fresh gear; and when they appeared in it, with their hair nicely combed out, it was soon seen which of the three was likely to prove the smartest sea boy.

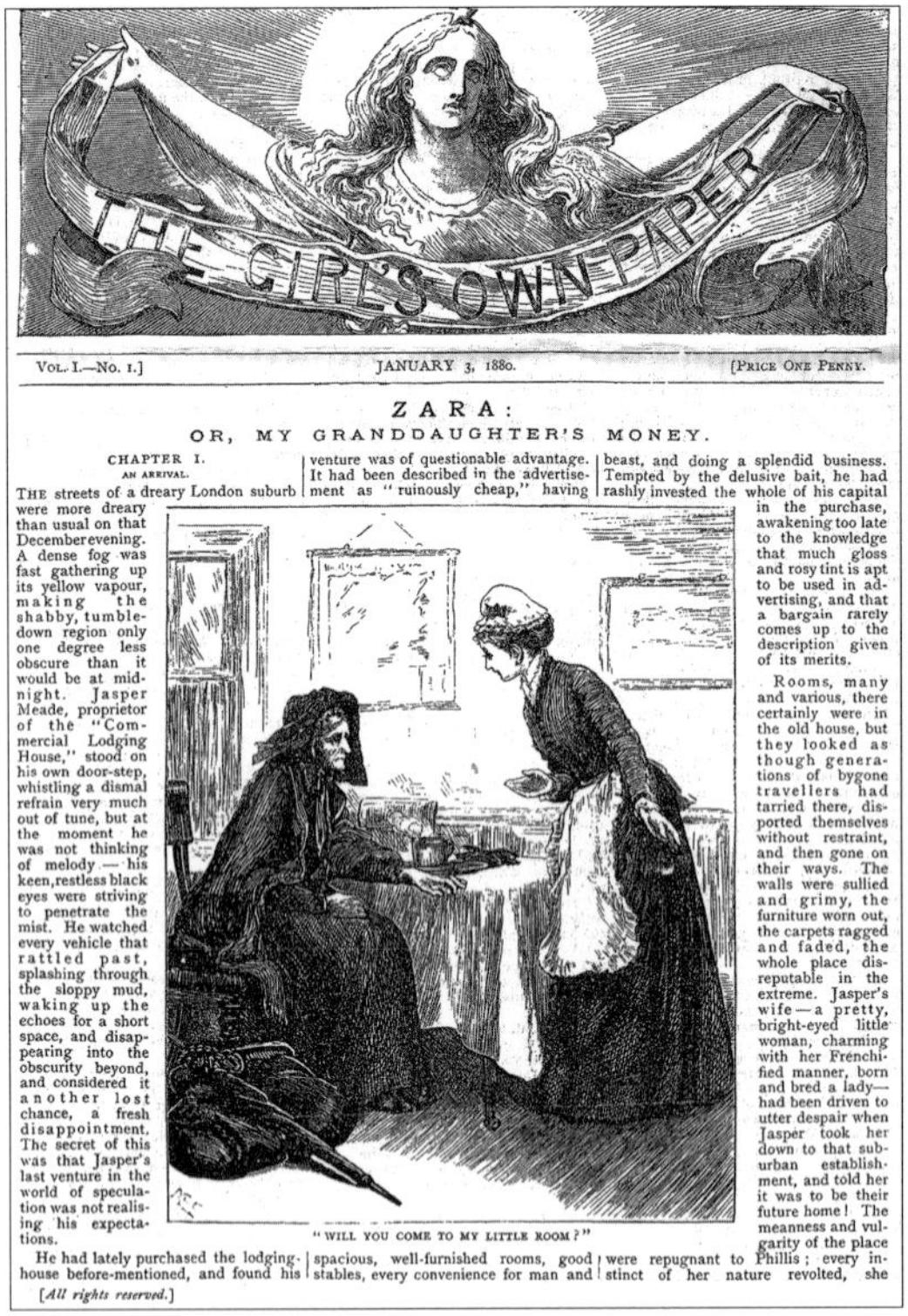
THE GIRL'S OWN PAPER

Vol. I.—No. 1.] JANUARY 3, 1880. [Price One Penny.

ZARA:
OR, MY GRANDDAUGHTER'S MONEY.

CHAPTER I.
AN ARRIVAL.

THE streets of a dreary London suburb were more dreary than usual on that December evening. A dense fog was fast gathering up its yellow vapour, making the shabby, tumble-down region only one degree less obscure than it would be at midnight. Jasper Meade, proprietor of the "Commercial Lodging House," stood on his own door-step, whistling a dismal refrain very much out of tune, but at the moment he was not thinking of melody — his keen, restless black eyes were striving to penetrate the mist. He watched every vehicle that rattled past, splashing through the sloppy mud, waking up the echoes for a short space, and disappearing into the obscurity beyond, and considered it another lost chance, a fresh disappointment. The secret of this was that Jasper's last venture in the world of speculation was not realising his expectations.

He had lately purchased the lodging-house before-mentioned, and found his venture was of questionable advantage. It had been described in the advertisement as "ruinously cheap," having spacious, well-furnished rooms, good stables, every convenience for man and beast, and doing a splendid business. Tempted by the delusive bait, he had rashly invested the whole of his capital in the purchase, awakening too late to the knowledge that much gloss and rosy tint is apt to be used in advertising, and that a bargain rarely comes up to the description given of its merits.

Rooms, many and various, there certainly were in the old house, but they looked as though generations of bygone travellers had tarried there, disported themselves without restraint, and then gone on their ways. The walls were sullied and grimy, the furniture worn out, the carpets ragged and faded, the whole place disreputable in the extreme. Jasper's wife—a pretty, bright-eyed little woman, charming with her Frenchified manner, born and bred a lady—had been driven to utter despair when Jasper took her down to that suburban establishment, and told her it was to be their future home! The meanness and vulgarity of the place were repugnant to Phillis; every instinct of her nature revolted, she

"WILL YOU COME TO MY LITTLE ROOM?"

[All rights reserved.]

19世紀で最も売れた少女雑誌『ガールズ・オウン・ペーパー』創刊号表紙。

『GOP』はさまざまな新しい職業の可能性と実現方法を提示した。

一八九三年に書かれたシャーロック・ホームズもののひとつ、「海軍条約」の中にはこんな場面がある。

クラパム・ジャンクション駅を過ぎロンドンに近づいてきた頃、「こんなふうに高架線に乗って街並を見おろしながらロンドンにはいっていくのも、じつに愉快なもんだね」とホームズが言う。ワトソンはむさくるしい眺めなのに、彼はなにを言っているのかといぶかる。するとホームズは、「あのスレート屋根がつらなる上にぽつんぽつんとそびえている大きな建物を見てみたまえ。まるで鉛色の海に浮かぶ煉瓦の島のようじゃないか」と言う。その大きな建物こそ公立小学校なのである。そしてホームズは言う「いや、きみ、まさに灯台だよ！　未来を照らす灯だ！　一つ一つが何百という光輝く小さな種子を包みこんだ莢《さや》だ。あの莢がはじけて、未来のより賢明で、よりすばらしいイギリスが生まれ出るってわけさ！」

と語る。この部分にふれて、S・C・ロバーツは、これを後期ヴィクトリア朝の自由主義の自信に満ちた抱負であるとし、「ホームズが民主主義と進歩を信じていたことはまったく疑いない」と述べている。

もちろん初等教育の普及が、ここでホームズが言うほどの輝かしい未来をもたらしたわけではない。そこにはさまざまな未解決の問題が含まれていたことは、『パンチ』誌に載った「教育フランケンシュタイン」の戯画に暗示されている通りだった。

中流階級の支配者たちは、読み書き能力を身につけたワーキング・クラスが結束してますます労働運動をさかんに起こし、革命を実現するのではないかと怯《おび》えた。実業に役立つ以上のことを教えようとはしなかった公立学校と、私立学校の格差は広がる一方であったし、学校の普及は教育の商業化を招いた。多くの家庭教師《ガヴァネス》は職業を失った。

国民総教育がもたらす種々の弊害は、「教育フランケンシュタイン」として戯画化された。

素晴らしき教育効果。新聞を読むリヴァプールのストリート・チルドレン、1900年。

少女たちが草地で遊び、農婦が子どもを連れて通る平和な風景。
ハンプトン・ジョーンズ画『村』。

第2章 働く人々の生活

1 住居と生活

農村

多くのイギリスの村には、教会を中心に公共緑地、二、三軒のパブ、食料品店、薬屋、パン屋、肉屋などの店がいくつか、そして鍛冶屋、靴屋、粉屋などがある。村の人口の半分以上は、領主《りょうしゅ》の土地を耕

パン屋のオーブンで日曜日のごちそうを焼いてもらい、持って帰る少年。嬉しそうについてくる妹と、残り物目当てのイヌ。

お弁当のかごや石盤を持って、友だちと肩を組んだり、妹を背負ったりして、楽しげに家路を急ぐ子どもたち。マイルズ・バーケット・フォスター画『学校帰り』。

して週に約一〇ペンスの小作《こさく》料を得ている農業労働者であった。働く畑や牧草地が領主のものであると同様に、労働者が住むコテージも、領主から借りているものだった。一部屋だけの家も多く、二部屋あるとしても寝室は全家族の共有で、子どもたちは全員同じベッドに寝かせられることも多く、年上のきょうだいは、祖父母の家や独立した兄、姉の家に暮らすこともあった。多くの場合、パンを焼くことができるようなかまどはなく、パンはパン屋で購入するか、そこでで焼いてもらうのが常だった。水道施設もないので、村の共有井戸から桶に水を汲んでくるのが、主婦の朝一番の仕事であった。

野良《のら》仕事は主に男性が行い、女性は農繁期以外、外での農作業は行わなかった。彼女らは調理、掃除、洗濯等の家事労働に加え、編み物や手工芸品を作って家計を助けた。こうした女性の稼ぎは、なくても何とかなるけれど、できればほしいというようなもの、たとえば靴や衣服、日曜日のごちそうのために使われた。

子どもたちは物心ついた頃からおとなの手助けをして働き、余裕があれば村の小学校に通ったが、多くの場合、仕事のほうが優先されたし、子どもたちも勉強するより働くほうを選ぶことが多かった。ちゃんとした靴や服がなければ学校へは行けなかったし、村の学校は家から通う

［上］木の下でジャガイモの皮をむく少女。1887年、イーストアングリアにて。
［下］母親を手伝ってラヴェンダーの収穫をする少女たち。1900年頃。

グレアム・スウィフトの小説『マザーリング・サンデー』(2016)は、20世紀初頭が舞台だが、伝統的にメイドたちが母親のところに帰ることを許される春の休日のことを描いている。

サリー州、ホームズベリ付近にて収穫の季節。ジョージ・ヴァイカー・コール画。

[右] フランス、ジャン・フランソワ・ミレー画『落穂拾い』。1857年。
[左] 収穫のあと、地面に落ちている麦の穂を集めることが許されていた。落穂拾いをする人たち。マイルズ・バーケット・フォスター画。

には遠すぎた場合もあった。通学していても、一五時頃になると、放課後子どもたちはブタの世話をしたり、木の実やキノコを集めたり、家の手伝いをした。

女性と子どもが収穫後の麦畑で落穂を拾うことは地主に認められている場合が多く、一生懸命やればやるほどパンを焼けるくらい集められるので、夢中になって励んだ。有名なフランスのミレーの『落穂《おちぼ》拾《ひろ》い』の絵には、宗教的な意味が含まれているが、同時に農村での年中行事でもあったわけである。

小学校を終える一二、一三歳の年になると、女の子はほとんどが家事奉公に出る。家の近くで経験を積み、行儀作法や家事仕事を身につけると、そのあとは都市に出ていく子も多かった。家事奉公は、衣食住の保証があるから、家族にとっては経済的負担が非常に軽減されることになる。こうして親元を離れた女の子たちは賃金のいくらかを仕送りしてくれるうえに、彼女らが寝起きしていたスペースが空く。たまの休暇には、奥さまのお古の衣服などをお土産に里帰りしてくるので、農家にとっては大変ありがたい仕組みであった。

男の子たちは主に父親の仕事を手伝い

『小公子』の挿絵から、アールスコート村の様子。

バッキンガムシャーでレース編みの仕事に従事する少女たち。
写真を撮影されるというので晴れ着を着ているらしい。

ながら、だんだんに労働力の中心になっていく。だから農業労働者の家庭においては、家の外に働きに出るのはもっぱら女の子だったのである。家事使用人となった女の子は奉公先で結婚することもあったが、故郷の村で結婚相手を見つけることもあった。カップルが新しく家庭を作って独立すると、子どもができるまでは、数多い兄弟姉妹のうちの数人と一緒に住むこともあった。コテージには一部屋か二部屋しかなかったから、こうした工夫が必要だった。

こうした住まいは領主の所有物だったから、大幅な修理や改築も領主のさじ加減であり、その人間性——慈悲深いかどうか——にかかっていたわけである。たとえば、フランシス・ホジソン・バーネットの『小公子』(*Little Lord Fauntleroy*, 1886)において、自分の領地になんら関心がなかったドリンコート伯爵は、牧師の進言にも耳を貸さず、ぼろぼろの小屋や病人が暮らす村をほうりっぱなしにしていた。領地の中でもとりわけアールスコート村はひどい貧困状態だったのだが、伯爵の機嫌を取ることばかり考える管理人は、地代を払わない小作人は追い出すという策しか講じてこなかったのだ。本当なら伯爵は、ノブレス・オブリージュの精神を発揮して修理や救済に当たらねばならないはずだ。アメリカからやってきた跡継ぎの孫、セドリックが伯爵の心を動かし、孫可愛さにようやくドリンコート伯爵は改革事業に乗り出し、敬愛される領主とみなされるようになる。

『テス』の中で、ダーバヴィル氏が死んだあと、残されたテスの妹たちや母が家を失って路頭をさまようことになるのは、彼らの家が三代の契約で借り受けられたものだったからだ。そろそろ契約を切りたいと考えていた借家主は、主が死んだのをいいことに一家を追い出してしまったので、テスがアレックスに頼って彼に囲われるしか、家族を救う方法はなかった。

都市

一九世紀半ば、ロンドンの路上呼び売り商人の生活と仕事の様子を調査し、インタヴューしたヘンリー・メイヒューはその結果を『ロンドン路地裏の生活誌』（*London Labour and the London Poor*, 1851, 1861）として著している。それによると、ロンドンの街頭では魚、野菜、飲食物、文具・書籍・絵画、中古品、生きた動物、鉱物・珍品を扱う販売人が商いをしていた。彼らは父親から教えられて子どもの頃から商売を始め、ほぼ全員が読み書きはできない。午前四時には起きて仕入れ、朝はコーヒースタンドで食事をとり、賑やかな通りで商いを営み、やはり街頭商人の売るパイやプディングを食べ、夜はパブでカード遊び、一四、一五歳で結婚するがあまり定住することはない、といったような生活を送っていた。

商人のほかには見世物師、職人、点灯夫、掃除夫や御者《ぎょしゃ》などの路上労働者が、メイヒューの記録しているロンドンの路上の人々である。テムズ川の汚泥《おでい》をさらってみつけたものを古物商に売る「どぶさらい」「泥ひばり」など、拾って集めたものを売って稼ぐ人々がいたことは、ディケンズの『我らが相互の友』（*Our*

[左] テムズ川の汚泥からくずをひろって売る子どもたちは「泥ひばり」と呼ばれた。
[下右] 安い肉を買うために列を作る人々。順番待ちはしばしば子どもたちの仕事だった。
[下左] 排水溝に落ちた釘やボルト、貨幣など金属を拾って生計を立てる河岸人夫、別名「どぶさらい」。

ヴィクトリア朝の道は汚かったので、着飾った人々が通るのを見計らって道を掃除し、小銭をもらう子どもたちがおり、四つ辻掃除人と呼ばれていた。ウィリアム・パウエル・フリス画。1858年。

街頭でマッチを売る少年。

煙突のすす払いブラシを持った煙突掃除人。子どもの煙突掃除小僧といえば悲惨な児童労働の代表格であるが、実際に存在していた時期は短かった。

Mutual Friend, 1864-65）にも描かれている。犬の糞《ふん》を拾い集める人々もいたが、これは皮なめし職人が、キッドの手袋や靴などを作るときに使った。

ロンドンの街路の汚さというのは悪名高いが、この路上にいて掃除をし、通行人からわずかなお金を受け取る四つ辻掃除人は、多くの場合幼い子どもたちであった。都会の児童労働として悪名高いのは、煙突掃除の少年たちであろう。親方に連れられた子どもたちは「人間掃除機」として高い煙突内部をよじのぼり、すすを払い真っ黒になって働いた。

これらの人々は、大人も子どもも、路地裏の日の当たらない長屋で、一家族一部屋の住居で生活していた。実際、一九世紀の後半には、ロンドンの劣悪な環境問題に取り組み、労働者の住環境を改善するさまざまな立法措置が取られたが、効果はほとんど上がらず、慈善家や医師、ジャーナリストなどの個人の改革活動も同様であった。

ロンドン東部のスラム街、ベスナル・グリーン教区の医務官として赴任したジョージ・パドック・ベイト医師は、この教区の公衆衛生、疫病、支部について綿密なデータを作り上げており、劣悪な部分を解体・撤去するだけでは、都市問題が解決しないことを指摘している。彼によると、教区の中でもとくにオールド・ニコル・ストリートは健康に有害な状態で、人間の居住に適しておらず、「路面から四五cm以上低く建てられた家も多く、天気が悪いと地面に床板を置いただけの室内に雨水が流れてくるのだった。湿気は、羽目板《はめいた》や古い漆喰《しっくい》やむき出しの木舞《こまい》を伝って上階へとしみとおる。湿気をはらむと壁はせり出し、天井はたわんだ」という状態だった。非合法に裏庭に二軒も家が建てられていたり、地下住居を違法賃貸に出していたりする例もあとを絶たなかった。

中流階級の人々は、ワーキング・クラスの人々が住む通り沿いに一列に並ぶ家より、四角い広場を取り囲むように建っている家を好んだ。ほとんどの家は、台所、食品置き場、使用人の食堂がある半地下、玄関、居間、書斎のある一階、家族の寝室のある二階、使用人の寝室がある屋根裏という構造になっている。都市化が進むにつれ、セミデタッチドと呼ばれる、二軒の家が一枚の壁を共有しているタイプの住宅が増えた。この住宅の基本的な間取りは一九世紀以来、今に至るまで変化していない。中流階級の人々もほぼ家は貸家であり、資産や家族の数に応じてたびたび引っ越しをしたが、労働者にとっても家賃は大問題で引っ越しはしょっちゅうのことであった。

ロンドンのイーストエンドで散らかった一部屋に暮らす家族。

一部屋に家族全員が暮らすような混雑状態なので、スラムに住む人々はできる限り戸外で時を過ごした。

工業都市で、工場労働者のために建てられた長屋の典型的なものである。バーミンガムのバゴット・ストリート。

車窓から見下ろすとロンドンの市街地の煉瓦の長屋が連なっているのが見える。狭い裏庭には洗濯物が干されている。ギュスターヴ・ドレ画『鉄道でロンドンを行く』。

工場労働者のためには、一九世紀初めにバック・トゥー・バックと呼ばれる長屋が建てられる。水道設備もなく、小さな窓が一つあるだけで換気も悪く、狭く不便で暗く、不衛生だった。荒れ果てた家の一部屋に家族全員が暮らすということもよく見られた。下宿屋では大勢の人々が年齢、性別の区別なく、大部屋のベッドや寝棚に詰め込まれて寝ており、炉格子のある暖炉が煮炊きに使われていた。

しかし、妻たちがなんとかして温かい家庭を作り出そうと苦心していたことは、小説に描写されている。たとえば、マンチェスターの工場労働者たちの生活を描いたエリザベス・ギャスケルの『メアリー・バートン』（*Mary Barton*, 1848）では、メアリーの母がまだ生きていたときは、このようなものだった。

戸口の右手には広い張り出しのついた幅広の窓があった。その両端には格子縞のカーテンが掛けられ、いまは引いてあり、楽しい集いの場となった。手入れ不足で葉の繁ったゼラニュームが二鉢、窓際に置いてあり、それが外から詮索しようとする人の目かくしになっていた。窓と炉の間に戸棚があり、皿や紅茶茶碗など食器やその他名の付けようのないものが詰め込まれていた。テーブルクロスを汚さないように肉切りナイフやフォークなどを置く三角形のガラス台など、持っていても大して

［右］エリザベス・ギャスケル『メアリー・バートン』オックスフォードクラシック版表紙。
［左］エリザベス・ギャスケル。

貧しいながらもこざっぱりと整えられたコテージの部屋でお茶の支度をして、編み物をしながら家族を待つ。ウィリアム・ケイ・ブラックロック画『午後のお茶』。

役に立ちそうにないものであった」（第二章）

淡い色の壁紙、緑の盆、赤い服を着た恋人たちの絵の額などが、工場の景気がよかったときの家具とともに家を飾り、明るく居心地のよさそうな雰囲気を醸し出している。メアリーの母が、ワーキング・クラスの女性の理想的な存在であることの指標を示している。

暗く水はけが悪く、換気も悪い地下の部屋に住まねばならない人もいたが、先にも引用した『メアリー・バートン』の登場人物アリス・ウィルソンの部屋は、地下にありながら非常に清潔で、隅には質素なベッド、枕元には格子縞のカーテンがかかり、反対側には白漆喰の壁、ていねいに洗い上げた煉瓦の床、窓には摘み集めたハーブが吊り下げて干してある。たしかに湿っぽく薄暗い部屋ではあるが、働き者で正直なアリスの人徳を表すような、一種の居心地の良さがあふれているのだ（第二章）。

対照的なのが、病気で倒れた工場労働者ダウンポートの、町はずれにある地下室の住みかである。その通りには溝が中央を通り、水たまりだらけで、あらゆる種類の家庭排水・汚水が流れ込んでいる。不潔な地下入り口を入ると、中は真っ暗で窓ガラスは割れ、ぼろ布でふさがれているだけ。ひどい悪臭が充満していて、濡れた煉瓦の床の上に三、四人の飢えた子どもたちがごろごろしていて、暖炉に

マンチェスターの極貧の人々が暮らしていた地下住居。汚水が流れ込み、湿気と水たまりの中で暮らしているようなものであり、日が当たらず暗くて、不衛生で悪臭に満ちていた。

火はなくおかみさんが椅子にかけて泣いていた。ダウンポートは惨《みじ》めな暮らし、不潔な環境、心身の衰弱からチフスにかかり、かび臭いわらの上に臥《ふ》せっていた。

　工業都市の貧民街で、働き手を失って困窮する家族の状況は、小説家によるフィクションではなく、同時代の政府の報告書と一致する。一九世紀半ばのこのような窮状《きゅうじょう》を読者に知らしめることこそ、ギャスケルの目的であった。

　一九世紀後半になると、上下水道、ガス灯、建築規制などのおかげで、住環境はかなり改善し、居心地のいい住まいを借りることも可能になり、娯楽施設も充実してきた。だがスラム化した地域は依然として残り、さまざまな改善が必須であることが明白になった。

Column

孤児院

　年少者用の救貧院以外に、養育者のいない子どもを引き取って育てる施設に孤児院や捨て子養育院があった。中世の修道院や病院は捨て子や孤児の養育を担ってきたが、その伝統を引き継いで、一七三九年にロンドンに建てられたのはトーマス・コーラム捨て子養育院である。貿易商として成功を収めたトーマス・コーラムは、産業革命と急激な人口増加のあおりを喰らって増加の一途をたどるストリート・チルドレンを見てショックを受け、この養育院を建てた。貴族から多額の寄付金を取り付け、政府の補助金も得て運営された。しかしあまりに子どもたちが増えすぎ、救貧院もこれに頼ろうとしたため、くじ引きで入所者が定められるようになった。養育院は、「社会において有用な人材の育成」ただし「定められた身分に甘んじること」を推し進め、男の子は年季奉公や軍役に出るよう、女の子は家事奉公に出られるよう養育された。その裏では浮浪児の犯罪や、犯罪予備軍を失くし、国家のためになる人材を育成するという目的があった。一八世紀のコーラム養育院を描いた児童文学に、ジャミラ・ガヴィンの『その歌声は天にあふれる』（Coram Boy, 2000）がある。

　一九世紀になるとコーラム養育院は生後一二か月未満の私生児だけを引き取り、各地の乳母に預けて五歳になるとまた養育院に戻して育てるというシステムをとるようになる。大半が雇い主の歯牙《しが》にかけられた女中の子どもだった。画家のホガース、レイノルズ、ゲインズバラ、作曲家のヘンデルなどが興味を持ち、寄付活動に貢献した。

［右］トーマス・コーラム。
［左］トーマス・コーラム捨て子養育院、現在はミュージアムになっていて一般公開されている。

ジャミラ・ガヴィン『その歌声は天にあふれる』表紙。

Column 救貧施設

イギリスの救貧院は古くから「ワークハウス」と呼ばれ、職業訓練所であり収容所であり、病院、老人ホームでもあり、失業者、ホームレスの最後の避難所でもあった。

一八三四年、新救貧法が定められると、それまでは教区ごとに違った方針で運営されていた救貧院は全国的に統一され、功利的に運営されるようになる。救済すべきは最下位の労働者以下と決められた。院外救済は廃止され、運営はとことん切り詰められた。年齢・性別・就労の可否による類別収容、規則の厳罰化が進んだ。親子、兄弟から引き離された人々は制服を着せられ、頭を刈られて収容され、監視された。

ヴィクトリア朝を代表する小説家、チャールズ・ディケンズは孤児や浮浪者など社会の底辺に生きる人々の生活をも描いた作家として有名であるが、彼はほかの中流階級の作家と同じく革命思想を持つわけではなく、弱者を救うのは人間の情であり慈善であると考えていた。しかし彼の小説は偽善的な官吏や施設の役人の醜さを痛烈に批判しつつ、最底辺の事情を明らかにしている。

『オリバー・ツイスト』(*Oliver Twist*, 1838)の副題は、「教区の少年の人生」、つまり主人公オリバーは、教区が面倒を見るべき孤児であったことを示している。オリバーを産んだ若いシングル・マザーは、行き倒れているところを救貧院に保護され、翌日男の子を産んで亡くなった。そのままオリバーは子ども専用の救貧院分院に預けられる。これは作家の皮肉な口調を借りれば、二〇、三〇人の「貧民救恤法《きゅうじゅつほう》違反未成年者が、食わせられすぎ着せられすぎる不便さもなく、一人の年配の女の母親のごとき監督のもとに、一日じゅう床の上にごろごろして」(第一章)いるところであり、一人あたまわずか週七ペンス半の報酬で養育を引き受けている女は、そのはした金を懐に入れ、孤児たちにはほとんど湯のような粥しか食べさせていなかった。九歳になる

救貧院での食事風景。

救貧院の人々。
お仕着せを着せられ、やつれてうつろな目つきをしている。

とオリバーは、救貧院に戻され、まきはだ（船の水漏れを防ぐなどにつかう藁状のもの）作りの労働を早朝六時からさせられることとなる。これが教育を受けさせ、仕事を覚えさせるということの内容であった。

お粥をもっと欲しいと言ったがために救貧院を追い出され、葬儀屋に年季奉公に出されたエピソードは有名であるが、オリバーはそこでノアといういじめっ子の少年に出会う。ノアはオリバーを「救貧院」と蔑《さげす》む。母は洗濯女、父は飲んだくれの廃兵であるとはいえ、ノアは慈善学校（この本の第1章参照）の生徒であり、それはまだ救貧院出の父なし子よりはましだったからだ。ノアは「慈善学校」といじめられてはいたが、救貧院はそれよりも悪かった。ちなみに慈善学校の生徒は、それとわかるように何かしら目立つ服装をさせられていたので、ノアは黄色の「半股引」をはかされている。

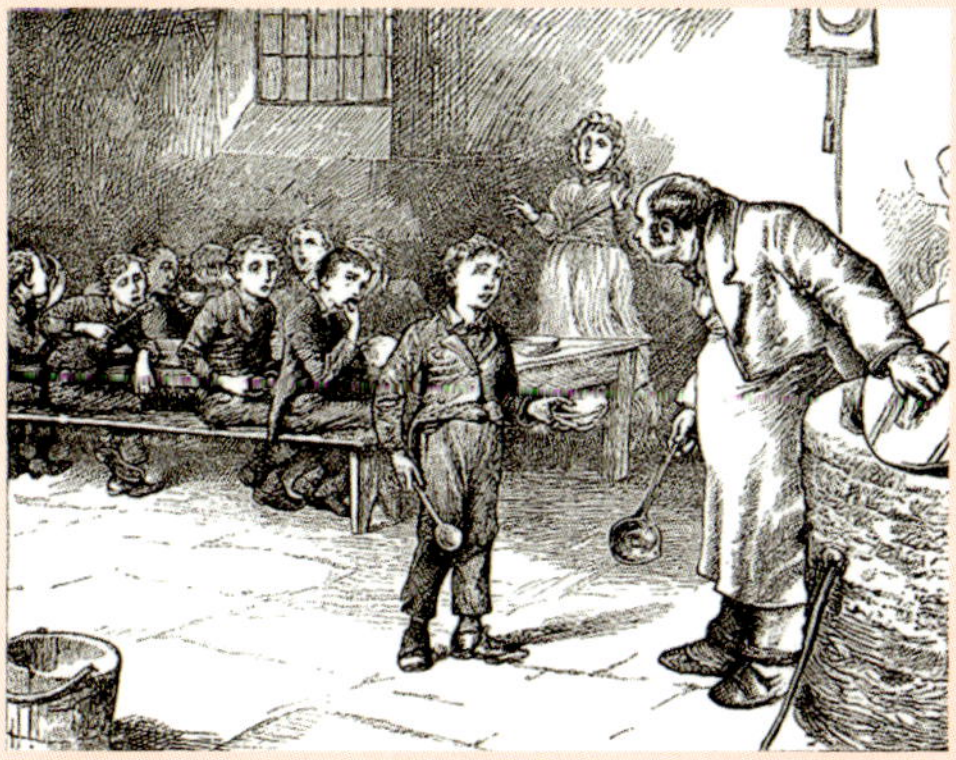
ディケンズ『オリバー・ツイスト』の挿絵より。お代わりをくださいと言ったため救貧院から追い出されることになる主人公。

救貧院は、この小説にあるように、入所者に岩を砕くとか、縄をスパイクという金具でほどいてまきはだ作りをするなどの単純作業をさせていた。そのため救貧院は、口語で「スパイク」と呼ばれることもある。

ヴィクトリア朝の救貧院は、貧困者の監獄とも呼ばれ、監獄と同じ一望監視システムで作られ、大きなもので三〇〇人を収容することができた。労働を旨とする施設というより、感化院か刑務所的施設である場合も少なくなく、救貧院のご厄介になるのだけは死んでも辞したいという人も多かった。

［左］ジョージ・ムア『エスター・ウォーターズ』原書表紙。
［右］BBC文芸ドラマ『オリバー・ツイスト』。

記録によれば、食事は、朝にパンと粥、昼には肉、ジャガイモ、スープ、プディング、夜はパン、チーズ、薄いスープの繰り返しで、監獄と似たり寄ったりである。日課は厳重に定められており、まきはだ作りなどの作業以外にも、掃除、水くみ、看護、庭仕事、夜間の守衛等、やらねばならない仕事は山のようにあった。

救貧院は、路頭に迷った人の最後のシェルターでもある。『エスター・ウォーターズ』の中で、乳母の仕事をくびになったエスターは、赤ん坊を抱いたままロンドンで路頭に迷ううち、警官にランベスの救貧院に行くよう指示される。二、三か月をそこで過ごしたエスターは、救貧院に来ていた求人票を頼ってチェルシーの商人のところに勤めることになる。普通、救貧院の求人票では年一四ポンド以下の給料の仕事しかないのだが、幸いエスターは一六ポンドで雑役女中として雇われた。長続きはしなかったが。

救貧院でもアルムハウスというのは公共の施設ではなく、宗教団体や信託団体が運営する私立の施設である。中世から存在していたが、その頃から病院と区別されることがなく、教会の付属施設であった。

独房に入れられた囚人が中心にある監視塔に向かってひざまずいている。1840年。

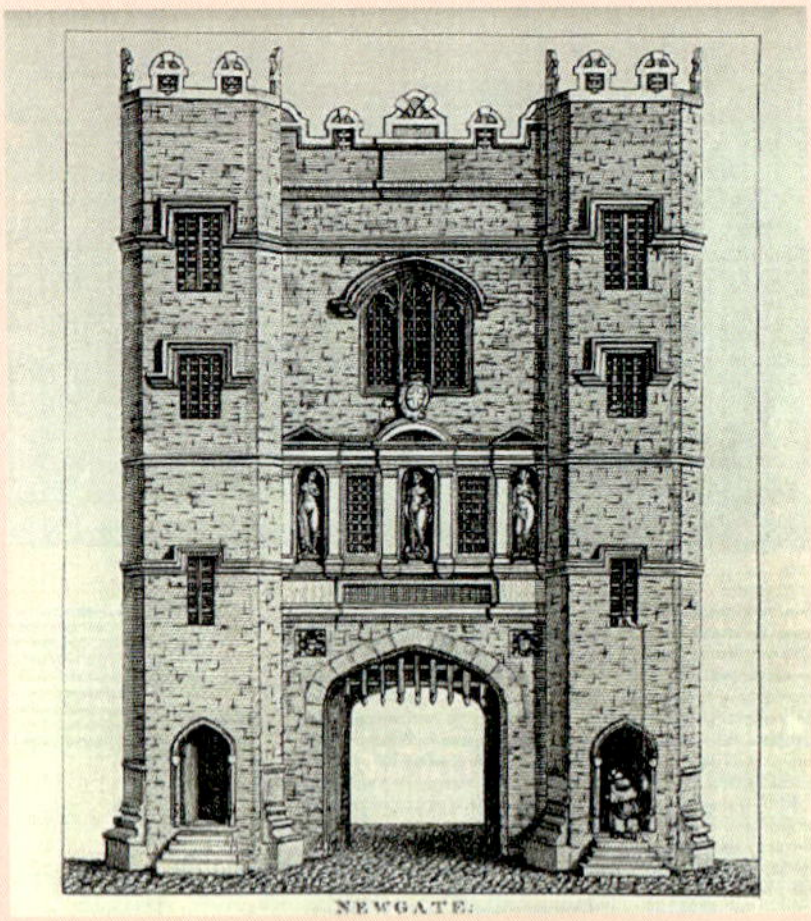

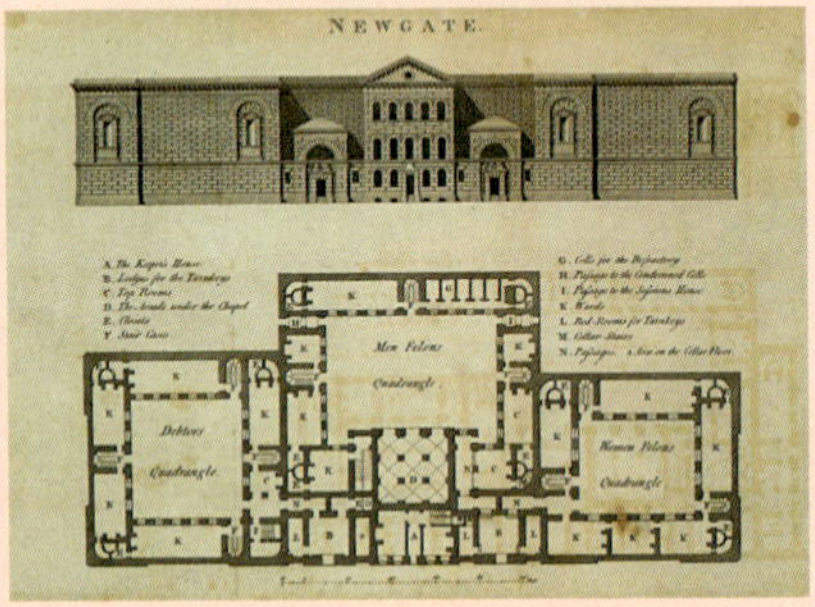

［上］古いニューゲート監獄。
［下］新しくなったニューゲート監獄の外観と内部の見取り図。

Column

監獄

今日残っている監獄はほとんどヴィクトリア朝に作られたものだ。実はそれ以前、監獄は矯正《きょうせい》施設というよりは不法者を泊めておく場所のようなもので、そこから酒や娼婦を手に入れることもできるし、獄吏にわいろも使い放題だった。一八三六年、ニューゲート監獄からの報告に驚いた議会は慌てて刑法の改定に乗り出し、新しい監獄が建設された。一望監視システムに基づいて作られたパノプティコン形の監獄である。

監獄では、顔を隠すようなキャップをかぶらせ、囚人番号を縫いつけたユニフォームを着せて孤立させ、互いに話をすることも禁じた。そして多種多様な、しかし単純な重労働に従事させた。その仕事も重い大砲の弾丸を運んで行ってまた持って帰るというような、意味もやりがいもないようなものであった。一日八時間、ただ無意味に一万回クランクを回すというようなむなしい労働もあった。それなのに時折、看守がやってきてねじを回し、ハンドルの負荷を増やすのである。そのため看守のことを「ねじ」と呼ぶ俗語ができた。

食事も単調で変化のないものが繰り返し出た。次のページのメニューは一八五〇年一月の例である。
一五歳以下の少年は女性と同じ分量を配給された。

単調であるとはいえ、この食事はたしかに救貧院のものよりはましだった。規則が厳しく重労働があるとはいえ、屋根もあり食事も確保されるとなると、わざと捕まるものがいてもおかしくはない。食い詰めた花売り娘が投獄されようと、わざとガラス窓を壊した例もあった。一八四〇年代の囚人の四分の一は再犯であった。

一八六〇年代になると、このままでは監獄を出た者は職に就けずすぐに元通りの犯罪に手を染めることが明らかになり、囚人にもっと役に立つ仕事をさせるようになった。農作業をさせたり制服や郵便袋を縫う仕事をさせたり、更生を可能にするような取り組みを始めたのである。

監獄での食事（1850年1月の例）

曜日	食事内容
日曜・火曜・木曜・土曜	朝：粥 500ml パン 220g（男）／160g（女） 昼：肉 110g（男）／80g（女） ジャガイモ280g（男）／220g（女） パン160g 夜：なし
月曜・水曜・金曜	朝：ココア 500ml パン 220g（男）／160g（女） 昼：スープ 500ml パン 220g（男）／160g（女） 夕：粥 500ml パン 220g（男）／160g（女）

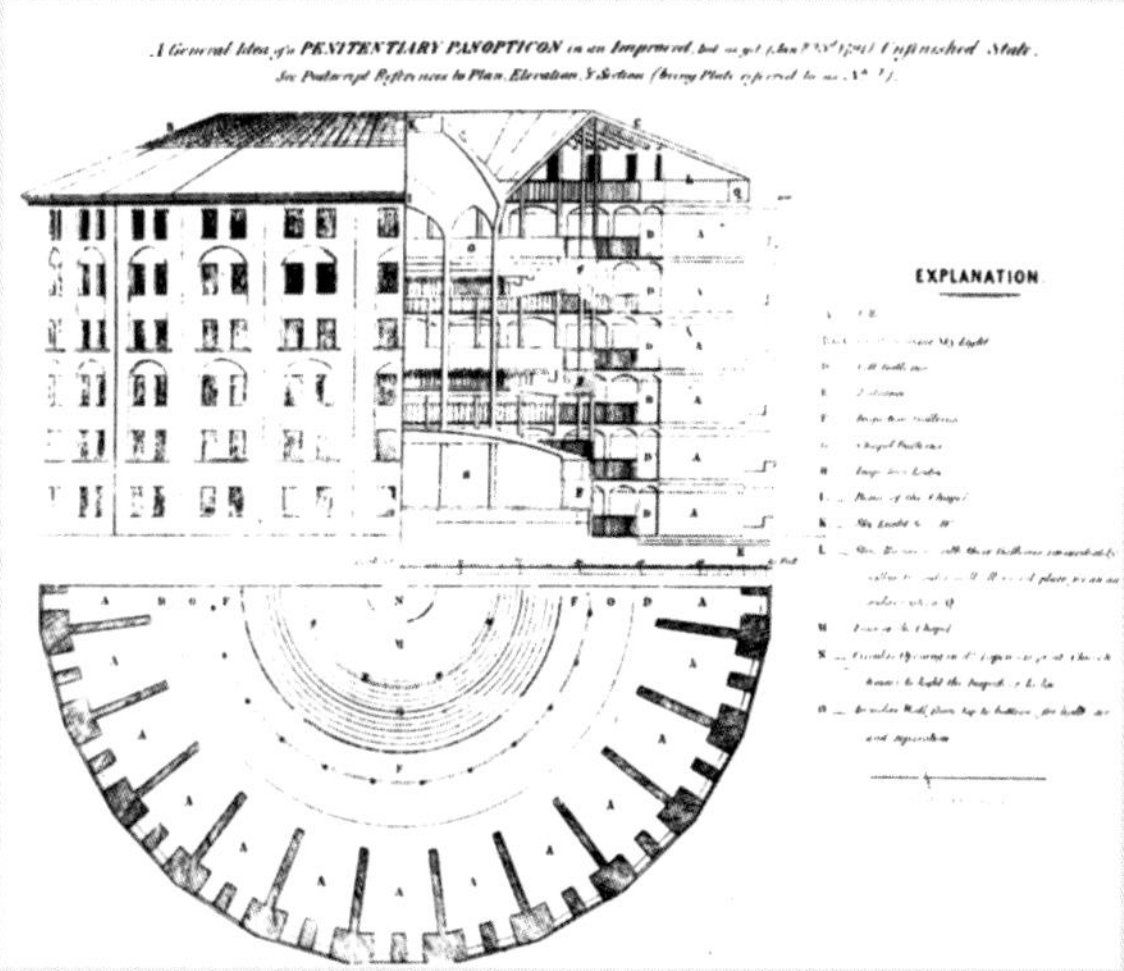

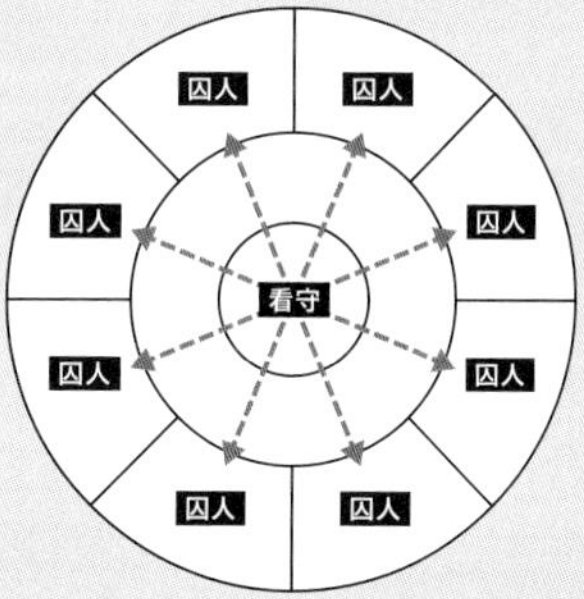

［右］パノプティコン形一望監視システム。
［左］ベンサムが考案したパノプティコン型の監獄。1843年。

監獄の中で縄をほぐしてまきはだ作りに従事する囚人たち。

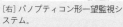

石鹸会社が作った理想の村、ポート・サンライト。労働者の住居。現在も人が住んでおり、一部は内部が公開されている。

サンライト石鹸のパッケージ。ポート・サンライト村の人々が作っていた。

Column

モデル・ヴィレッジ

一九世紀後半になると、ワーキング・クラス向けのモデルハウスがいろいろと工夫されるようになる。住環境の悪さは、かつては住人の道徳の問題であったのが、衛生の問題へと再認識されるようになったのだ。

もっとも有名なものは、アルバート公が一八五一年、ロンドン第一回万国博覧会で展示したモデルハウスである。一八六〇年代に入ってから、しだいに工場主や社会主義者が率先して労働者の住宅改革に乗り出し、理想的な住環境を作ろうとする試みも見られた。サンライト石鹸で有名な石鹸会社リーバ・ブラザーズ（現・ユニリーバ）がマージーサイドに作ったモデル・ヴィレッジ、「ポート・サンライト」村や、チョコレートのキャドバリー社が作ったボーンヴィル・モデル・ヴィレッジなどがある。

住宅の建築に三〇人もの建築家がかかわり、一つ一つ趣向を凝らした一戸建ての家が並んでいる。コンサート・ホールや美術館、スイミング・プールなどの娯楽施設や教会、宿屋なども備わったこうした村には八〇〇人くらいの工場労働者が暮らした。しかし、このような改革の恩恵にあずかる人々の数は全体から見れば限られていた。

2 食と生活

大人の場合

ワーキング・クラスの食事事情は、都市労働者であるか、農村の農業従事者であるか、住んでいるのが北部か南部か、といった要素でさまざまに変わってくるが、基本的に朝食はパン（北部ではオートミール粥）とビールというパターンが多かった。このビールはアルコール濃度が低く、ビタミンが豊富に含まれているため、日常的な飲料として好まれたものである。しかし、ワーキング・クラスのアルコール摂取と中毒が社会問題となり、禁酒運動がさかんになるにつれ（実際、飲酒による健康被害を引き起こしたのは安物のジンであり、ビールではなかったのだが）、飲料としてのビールは廃れて、その代わりに台頭したのが、安価になった紅茶であった。

チャールズ・ディケンズ。

一九世紀の初めには、まだコーヒーのほうが安価で、朝ご飯にはコーヒーが好まれていたが、帝国の拡大と強力化のおかげで、中国、インドから輸入する紅茶、そして西インド諸島の砂糖は、労働者の食事に温かさとカロリーを補給する大事な食材となり、全国に普及した。紅茶とパンの朝食なら、湯を沸かすだけで準備することができ、朝の早い労働者にとっても簡便だった。ただし、このパンにはバターをつけることはない。一九世紀末には、人造バター、つまりマーガリンが発明され、はるかに安価であったことから、利用されることもあった。紅茶には砂糖をたっぷり入れて栄養補給とする。大都市にも貨物列車がミルクを運ぶシステムができ、ミルクティーを飲むことも

マーガリンに人体に有害な人工着色料が使われているということを風刺した戯画。骸骨がバター作りの撹拌機を回している。

できた。しかし売られる段階で水増しされたり、衛生的でなかったりしたので、沸《わ》かして濾《こ》してからでなければ子どもには与えられなかった。やがて濃縮や粉末化の技術が進んでからは、コンデンス・ミルク、粉ミルクが登場し、保存の点からも大変便利になった。

ディケンズの『大いなる遺産』において、主人公ピップの子ども時代の描写では、朝も夜も食べているのはバタつきパンと薄いミルク、紅茶だけ（昼にはかろうじてこれに肉がつく）である。しかしこれでもバターがついているだけましだった。

多くの家庭は、パン焼きオーブンを備えていないため、パンは買ってくるものであった。ふすまが混じる茶色のパンが多かった頃は、そこに栄養分が含まれていたが、小麦を真っ白に製粉する技術が広まってから、白いパンだけではビタミン不足になり、三食をほぼパンに頼っていた最下層の人々はさらに栄養不足に悩まされるようになった。とりわけ安物の白いパンには、添加物としてミョウバンが含まれていた。とくに毒性はないが、パンがまずくなったし、子どもの健康には悪影響があったのではないかと懸念《けねん》される。

ワーキング・クラスでは、長らく昼食が一日のうちのメインであり、「ディナー」と呼ばれていた。働き手が昼食に家に帰れる環境であれば、昼の食事はディナーとなり、ジャガイモと少量の肉または肉汁が供された。しかし、都会での労働はだんだん家庭からは遠くなり、昼の食事を外で取らざるを得なくなった働き手は、弁当を持参したり、オイスターバーなどを利用したりするようになる。ロンドンではウナギやバイ貝、カキなどの魚介類が安かった。農業労働者も、外

暖炉の前で話をするピップとジョー。火にやかんがかかっている。『大いなる遺産』挿絵より。

ロンドンの下町名物、うなぎの煮こごり。

炭鉱町ウィガンで昼食をとりひと休みする鉱婦たち。エア・クロウ画。1874年。

で働くときには昼の弁当を持参した。弁当といっても多くはパンの塊《かたまり》で、運が良ければベーコンが挟んであるといったようなものだ。

　フランシス・ホジソン・バーネットの『秘密の花園』（*The Secret Garden*, 1911）で、貧しい小作人の息子であるディッコンが、お屋敷にやってくるときのお弁当がハンカチに包んだパンであり、「今日は特別にベーコンが挟んであるんだ」と嬉しそうに言う場面がある。居候《いそうろう》であってもお屋敷のお嬢さまであるメアリーにはそのどこがごちそうなのかわからない。彼女はディナーは家に帰ってお給仕してもらって食べるからである。

フランシス・ホジソン・バーネット『秘密の花園』挿絵より。
カラスとキツネとリスを連れてきてメアリーと庭で会うディッコン。

　外に働きに出るのではない女性や子どもたちは、前の日の残り物の肉汁とパンまたはジャガイモを食べていた。

　ディナーを昼にとると、夜の食事はサパーと呼ばれる軽食になるか、または「ハイ・ティー」と呼ばれるものになる。ハイ・ティーとは、肉料理を含む軽食を紅茶とともに食するもので、ワーキング・クラスの食習慣である。ここでもわずかな肉は働き手のものであり、ジャガイモ、パン、肉汁が主になる。メイヒューが記録しているロンドンの街頭で花を売る娘の証言では、肉ではなく活きのいいニシンを日常的に食していたようだ。どちらにしろ圧倒的に炭水化物過多で、腹を満たすための食事であった。

　父親がステーキをがつがつと平らげるかたわらで、そんなものを口にしたこともない子どもたちがじっと見ている、というジョージ・ムアの『エスター・ウォーターズ』に出てくるような光景はよくあったことである。

　先にも引用した『メアリー・バートン』の主人公メアリーには勤め先の仕立て屋で「食事とお茶」が出されていたが、それは昼食と夕食のことである。彼女は見習いとして最初の二年間は無給、その後は二食付きだったのだが、やがて景気が悪くなるとお茶が出なくなったため、夜は家で食べねばならなくなる。

　世紀末に近づくと、裕福な労働者家庭では、もっとバラエティに富んだ食卓を楽しむことができるようになる。『ガールズ・オウン・ペーパー（GOP）』にも、羊の首肉で作ったポテトパイ、臓物パイのリンゴ添え、野菜と臓物の煮込み、ア

アーサー・コナン・ドイル「青いガーネットの謎」挿絵より。

チャールズ・ディケンズ『クリスマス・キャロル』挿絵より。

イリッシュ・シチュー、レヴァー・ベーコンなどをあげ、付け合わせにはなるべくボリュームのある小麦粉、オートミール、コメ、豆、レンズ豆、インゲン豆などを使うよう、レシピが掲載されている。

　ヴィクトリア朝の家庭の貧富の差は、食事における肉の量で判別できるとアンドレア・ブルームフィールドは述べている。肉汁《にくじゅう》しか供することができない家庭よりややましなところになると、ヒツジやブタのくず肉、臓物《ぞうもつ》は安価であり、ベーコン、ソーセージなどの加工肉、缶詰は、保存がきくうえ少量でもシチューや煮込みに「うまみ」を添えることができたので愛用された。肉よりも安くタンパク質を摂《と》れるものとして、燻製《くんせい》ニシンなどの魚類も重用された。

　農業に従事する人々は、多くは小作人であり、栽培した作物を自分たちの食料にはできなかったが、地主の許可を得て刈り入れのあとの畑で落穂拾いをしてせっせとこぼれた穀物を集めてパンの足しにした。小屋のそばに菜園を作って野菜を栽培し、野原や森でキノコやイチゴ類を集めてきて保存食とし、ブタを放し飼いにして、一年分の肉として利用した。

　帝国の範囲が広がり、外国から食料が安く輸入されるようになると、サゴヤシのでんぷん、タピオカなど南方の食材も、付け合わせやデザートによく用いられた。

　クリスマスのディナーは、工夫を凝らしたごちそうが用意された。ディケンズの『クリスマス・キャロル』（*Christmas Carol*, 1843）は、ヴィクトリア朝のクリスマス伝統を確立させた描写があるとして有名だが、貧しい事務員のボブ・クラチェットの家でもガチョウの丸焼きがメインディッシュを飾る。裕福な家庭では七面鳥が好まれたが、ガチョウのほうが安かった。このことは、アーサー・コナン・ドイルの「青いガーネットの謎」（"*The Adventure of Blue Carbuncle*", 1892）でも描かれており、パブでお金を積み立てて、クリスマスにガチョウを受け取るというクラブ・システムがあったことがわかる。

子どもたちの食事

この時代、まだビタミンやミネラルといった概念はなく、健康にいい食事というのは「消化がいい」ことを意味していた。炭水化物は「消化がいい」とみなされていたのだ。そのため、子どもたちの食事は、おとなよりもさらに炭水化物に偏っていた。多くの子どもたちのサパーはビスケットと薄い紅茶、またはココアのみであり、この傾向は、ワーキング・クラスのみならず、上・中流階級についても同様で、子どもたちはほぼ三食ともに、パン、でんぷんのプディング、ビスケット、ケーキなどを食していた。

とりわけ女の子の食事については、刺激物を避け、赤身の肉や、香辛料の効いたもの、熱すぎるものなど「強い」ものを摂らないようアドバイスされている。コーヒーはもちろんのこと、濃い紅茶も

ネコと遊ぶ幼児を見守る祖母。
背後に大きな炉があり、たきつけ、炉格子、大鍋、ふいご、やかんがおいてある。チャールズ・エドワード・ウィルソン画『炉端』。

だめで、子どもも向けにはお湯で薄め、ミルクを足した薄いお茶《ウィーク・ティー》があった。

子どもの病気には、ひまし油がいいとされ、時には予防的に飲ませることもあったが、基本的に下剤でしかない。とにかく体の中から異物を排泄することが、治療と考えられていたのである。非常に飲みにくいものだったので、かき卵やゼリーと混ぜるなどのやり方で食感や味を工夫する方法もあった。

家族が一緒に食事をするワーキング・クラスの晩ご飯時にでも、子どもたちが食事中におしゃべりをするのはご法度《はっと》である。取り分けてもらうのをおとなしく待って、黙って食事する。おとなは会話を楽しんでもいいが、子どもはマナーを守ることをしつけられ、言っていいのは「どうぞ」と「ありがとう」だけだった。

フローラ・トンプソン『ラークライズ』には、彼女自身が体験した一九世紀末の農村の庶民の暮らしが描かれている。食事風景をまとめると次のようなものだ。

温かい食事は晩だけ、毎日の定番はベーコンに野菜料理、ローリーポーリーと呼ばれる果物入りのプディングで、ティーと呼ばれていた。調理は午後四時くらいから始まる。かまどに火が入り、大きな鉄鍋にお湯が沸かされ、食材はすべてこの鍋で調理された。一口大のベーコン一人一切れ、ネットに入れた野菜、別のネットに入れたジャガイモ、布巾《ふきん》でくるんだプディングを順次大鍋の湯の中に入れて調理する。煮汁や野菜の皮、切りくずはブタのえさになった。肉類の大きめのものは父親のもの。男の皿に優先的にのせられた。朝と昼はパンとラードとあり合わせだった。菜園の新鮮な野菜、ジャム、ニワトリの卵が添えられた。何もなければ子どもは糖蜜《とうみつ》か黒砂糖、おとなはマスタードでパンを食べた。牛乳はめったに飲めない贅沢品だった。一マイル半も歩いて買いに行くのが大変だったからだ。脱脂乳《だっしにゅう》は一パイント一ペンスだったが、はかり方がいいかげんで入れ物いっぱいが一パイントとみなされたので、みんなはなるべく大きな容器を持って買いに行った。農場では余った脱脂乳はブタのえさにしていた。（第一章）

洗濯女として働く貧しい老女アリス・ウィルソンが、近所の若い娘二人をお茶に呼んで、朝の賃金すべてを使ってバターと紅茶を買い、なけなしのもてなしをする様子が、『メアリー・バートン』に出てくる。いつもは倹約《けんやく》してお茶は買わず、イラクサ茶などのハーブティーを飲んでいるのである。半端な受け皿にバターをのせ、借りてきた紅茶茶碗を合わせて、急ごしらえの机を炉に寄せ、オート・ブレッドと呼ばれるビスケット状の食べ物と、普通のパンを取り出してロウソクをつける。娘たちがやってくると、お茶をいれ、好みを聞いて砂糖を入れ、何度もパンとバターのお代わりを勧めるのであった。

オート・ブレッド。オーツ麦は寒い地方でも収穫できるのでイングランド北部やスコットランドで作られる。

3 衣服の特徴

男性

ヴィクトリア朝の男性が下着として着用していたのは、ウールの肌着とドロワーズと呼ばれるズボン下（この二つがつながっているのがコンビネーションと呼ばれるもの）、そして靴下である。年中冷え込むイギリスでは、吸湿性、保温性に優れたウール、とくにフランネルの下着が愛用されていた。その上にシャツ、ズボン、そしてジャケットを着るのが通例である。ズボンは現在のもののように、股上がウエストまでではなく、胸部にまで届く。激しい労働をしてもずれたりしないよう、腰部を覆うようになっていたのだ。脚部にはズボンの上から脛《すね》を保護するためにゲートルを巻いた。

人前ではジャケットを着るのが礼儀なので、シャツもある種の下着だった。一九世紀の初めは労働者が薄い色、または白のシャツを着用し、模様があるカラーのシャツを着るのは上中流階級だったが、まもなくその関係は逆転し、ヴィクトリア朝においては縞や格子のカラーのシャツは、ワーキング・クラスのしるしとなった。

シャツの上に着るジャケットは、分厚い綿かウールのもので、漁村では独特の編地のセーターが愛用された。いわゆるフィッシャーマンズ・セーターである。厚手の綿を独特のやり方で織ったモールスキンやコーデュロイ生地は、丈夫で暖かいため好まれた。ウールは目の詰んだ

19世紀中頃の仕事着。後ろの右は工場労働者。左は子どもの工場労働者、前は右から種まきをする農夫、若い馬丁、馬車の御者。

19世紀中頃から末の仕事着。後ろの右は鉄道員、左は葬儀屋。前は右から街頭の呼び売り、街頭掃除人、鉄道警備員。

大鍋を火にかけた横で2匹のネコと遊んでいる農家の少年、スモックを着ている。
チャールズ・エドワード・ウィルソン画『炉端』。

織り方でフェルトのように見える分厚いものが使用された。主に都市労働者はウール、農業労働者は染めない生成り《きなり》の木綿のジャケットを着ることが多かった。一八四〇年頃までは、農夫は綿生地に縫い取りをしてチュニック状にしたスモックという上着を着ることがあったが、その後は廃れ、ジャケットになった。

ロンドンの路上商人たちはポケットがたくさんついたコーデュロイの上着を好み、ひざがキュッと締まったズボン、できるだけ上等のブーツとネッカチーフでめかし込みたがった。彼らのトレードマークはお椀型の帽子である。

一八四〇年代にはミシンの登場により、安価な既製服を買うことができるようになる。その後、一八八〇年くらいになると、都市労働者と農村労働者の服装に大きな違いはなくなってきた。

どんな男性でも、帽子なしで外出することはまれであった。だいたいの場合、少年と労働者は布のつばなし帽、中流階級の男はシルクハット、芸術家やちょっとボヘミアンな向きにはやわらかいフェルトのつばの帽子が着用され、夏には麦わら帽子が多かった。今ではほぼ同じに見えるシルクハットだが、用途や職業、階級により、細かく区別されていた。

女性

シュミーズ、ドロワーズ、ストッキング、ペチコートを何枚か、というのが平均的な女性の下着である。ドロワーズは男性下着の模倣であったため、品がないと思われていたが、クリノリンの流行により、下ばきの着用が必須になったため、広く普及するようになった。形が単純であるうえ、人目にさらすものではないので、綿のドロワーズは家庭で手作りするのが普通であった。綿、ウール、シルクのストッキングが機械編みで作られるようになり、一般の女性はウールのものを愛用した。

一八六〇年代にアニリン染料の登場に

火を囲む刈り入れ時の夕食風景。ヘンリー・ハーバート・ラ・サング画『刈り取り人の夕食』。1898年。

アヒルを追う農家の娘。ヘンリー・ハーバート・ラ・サング画『風景』。1889年。

牧場で草などにくっついている羊の毛を集めている。自分で羊を飼っていなくてもこのようにしてこまめに集めれば羊毛を手に入れることができた。ヘンリー・ハーバート・ラ・サング画『羊毛を集める』。

刈り入れの時だけ手伝いに来る季節労働者、大鎌を持っている。ヘンリー・ハーバート・ラ・サング画『旅の刈り取り人』。

よって、華やかな色の染色が可能になると、上着はもちろんのこと、ストッキングも模様や色の入ったものが流行した。実はアニリンには毒性があり、汗に混じって吸収され、皮膚炎を起こしたりしたこともある。

下着の上にはコルセットをつける。コルセットはウエストを締めつけるためではなく、女性の内臓を支えるため体の保護のために考案されたものである。女性の内臓は弱くて支えが必要だと考えられていたからである。真っ直ぐな姿勢が賞賛されていたため、コルセットは女性が背筋を伸ばして美しい姿勢を保つのに役に立ったし、冷えを防ぐためにも必要だった。コルセットなしでいることは、きちんとした姿勢を取れないということであり、自制心に欠ける不道徳とみなされた。

よく言われるように、細い柳腰《やなぎごし》をめざしてコルセットをきつく締めすぎることは健康に悪い。内臓ではなく、肋骨《ろっこつ》に変形をきたすことがあったらしい。締めすぎのことをタイト・レイシングと言い、これは医学的にも諫《いさ》められていたが、コルセット自体は美容的にも健康的にも必要なものであった。コルセットをつけて生活をする実験をした現代女性の経験では、つけているほうが動きやすく、労働にもまったく支障がなかったという証言もある。問題は度を過ぎたタイト・レイシングであった。

ペチコートは綿のものと防寒用のフランネルのものの二枚が基本で、すべての階級の人が使用した。枚数は必要と場合に応じて増やすこともあり、馬の毛を織り込んだ綿や麻製のクリノリン生地のペチコートを重ねてスカートを膨らませていた時代は、その重さは半端なものではなかったが、鯨ひげや針金を鳥かごのような形の軽量の骨組みにしたクリノリンの発明で、分厚いものを重ねる必要はなくなった。

　コルセットの上からはコルセットカバー、キャミソール、胸掛けを着用する。ニットは高価だが、フランネルなら家で作れるので便利だった。フランネル製のものも買えない貧しい人々は、コルセットと上半身用の服の間に新聞紙を巻いて防寒用にしていた。

　ロンドン路上商人の女たちは、黒のベルベットまたは麦わら帽子にリボンか花をつけ、その下に網の帽子をもう一つ被って頬のところまでを覆っている。肩にかけるのは絹のネッカチーフで、ドレスの中にたくし込んだり、エプロンの紐のところまで垂らしたりしていた。プリント模様のドレスは木綿で、ペチコートは短め、自慢のブーツを見せているというスタイルだった。

　ドレスは家庭で作ることが難しく、仕立て屋に頼むのが無難であったが、家庭に来て、裁断と縫製の指導をしてくれる出張仕立て屋なら、実際の縫製は自分たちでやり、古着の縫い直しもできるということで安上がりだった。古着市を利用する、または家事奉公に出ている娘が女主人のドレスをもらってくることもあり、意外にドレスは階級間の差を超えたものであった。もっともそのため、より低い階級に間違われないようにと、中流階級の女性は、最新流行に遅れないよう神経をとがらせた。おおむねドレスはそのまま丸洗いできないので、下着を重ねて汗染みを防ぎ、エプロンで覆って汚れから守った。ドレスを洗うときにはほどいて布に戻してから洗うことが必要だったので、カフスや襟に別布を使うと、それだけ外して洗うことができるし、違うもの

ミシンの登場と家庭への普及は人々の服装を大きく変えた。照明器具の向上により、暗くなってからも作業ができるようになり、大きな変化をもたらした。

を付け替えれば新品同様になる。

　雑誌のファッションプレートと、型紙の通信販売がさかんになった一八五〇年以降は、それまであった地方色がおしなべてなくなり、流行は町にも田舎にも、全国的に共通のものとなっていった。

　クリノリンをつけていてはできない労働もあるが、裁縫や家事労働なら可能である。多くの働く女性たちは、クリノリンを仕事のときはつけず、日曜日にだけつけてスカートを膨らませ、おしゃれをした。


　ギャスケルは、ショールをこの階級の娘たち特有の外出着と述べ、実用的かつ装飾的なファッションであることを明らかにしている。

「日中や天気の良い日の外出時きまって身にまとうショールを掛けていた。そのショールは日暮れや寒い日には、スペイン風の短いマントかスコットランド風の肩掛けのように、頭からかぶってゆったり垂れ下げられたり、あごの下でとめられて、なかなか可愛くみえた」（『メアリー・バートン』第一章）

　スコットランドのペーズリーのショールは工場での大量生産が可能になり、安価で手に入った。結婚式でまとった華やかなショールが、子どものおくるみになり、黒く染めて喪服にも使われるなど、使いまわして一生役に立ったのである。

　仕事によっては、独特の服装が必要なこともあった。炭鉱で働く女性労働者は、スカートでは仕事ができないため、ズボンを着用していた。短めにたくし上げた

海で魚を売る女たちはフィッシュワイフと呼ばれ、ショールをかぶり、スカートをたくし上げて独特の服装をしていた。ジョン・マッギー画『魚を売る娘』。

室内では女性は白いモスリンのキャップをかぶり、肩にショールを掛け、エプロンをつける。チャールズ・エドワード・ウィルソン画『うたた寝』。

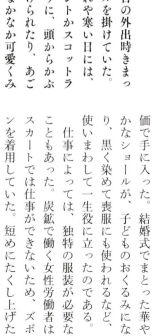

スカートの下に、ドロワーズの代わりに男物のズボンをはいていたのである。また、魚売りや漁船の手伝いをして海辺で働く女性たちはフィッシュワイフと呼ばれ、縦縞のスカートを何枚もはいてひざ下までたくし上げ、ショールを胸の前で交差させて後ろでくくる。こうした服装は風物詩ともなり、写真や絵に描かれて有名になった。

ミシン導入のおかげで、ワーキング・クラスの女性の服にもひだやフリルの飾りをつけることができるようになった。上半身の服は、ぴったり体にフィットしていなければならないので、まだ工場生産が難しかったが、ペチコート、スカート、コート、マントなどは既製服化が進んでいった。

女性は老いも若きも必ず外出用にボンネットか帽子をかぶる。かぶりものの流行はドレス以上に早く変化し、非常にバラエティがあった。大人になると長い髪はまとめて髷《まげ》にするのが普通だった。一八四〇年代までは、室内でもキャップを着用していたのだが、若い世代からその習慣は廃れていき、キャップをかぶるのはおばあさんか、または女中やウェイトレス、看護婦の職業を表すものになっていった。

ワーキング・クラスの女性の服装は、フィクションの中では「質素で実用的」か「安っぽく派手」という二項対立で道徳的に価値づけされる。みすぼらしくともその地位にふさわしくきちんと清潔で繕ってある服装は着る女性の道徳的高尚さを示し、ぼろでけばけばしくこれみよがしな服装は、彼女が道徳的に堕ちた女であることの記号であった。

『メアリー・バートン』に出てくるエスタは、自分の美貌を引き立てようと安物の宝石で飾り立て、ヴェールをひらひらさせ、そのような様子では夜の女に堕《お》ちてしまうと警告されていたが、その通りの運命をたどることになる。

子ども服

上中流階級では、男の子の服にも女の子の服にも流行り廃りがあり、よそいき用、普段着があったが、労働者の家庭では子どもにわざわざ服を作ることはなく、おさがりを縫い直して着せていた。小学校に通うには靴を履かねばならず、靴を買うことが常に経済的に問題となった。

[上]ハイウエストのグリーナウェイ・ドレスをまとう上・中流階級の少女。生地が上等でレースやサッシュがついている。
[下]質素なグリーナウェイ・ドレスを着ている少女たち。型は同じだが地味で、エプロンでドレスを覆っている。
ケイト・グリーナウェイ画。

普段ははだしで過ごすことが多いうえ、家庭で作ることができないのが靴である。

　女の子はドレスをすっぽり覆うようなエプロンを着用する。簡単には洗濯のできないドレスが汚れないようにということであるが、この袖付きエプロンをいつまでも着用させられるというのは、子ども扱いされ続けていることを意味する。

スモックを着た少年が小鳥の巣を手にしている。後ろの少女はフープを手にエプロン姿、手前の少女は日よけボンネットをかぶっている。チャールズ・エドワード・ウィルソン画『小鳥の巣』。

水くみをする農家の少女と少年。服が汚れないよう裾までのエプロンを着用する。

自分自身がワーキング・クラスの出身であるケイト・グリーナウェイは、ハイウエストの「グリーナウェイ・ドレス」と呼ばれる独特のファッションを流行らせた。白いレースやフリルがついたこのドレスに身を包むのは中流・上流の女の子たちだったが、グリーナウェイはまったく同じスタイルの地味な服を着用するワーキング・クラスの子どもたちも描いている。

　男性であれ、女性であれ、子どもであれ、真面目で正直な人間であることを示

［上］洗濯に使う棒。
［中］洗濯に使うボックス・マングル。ハンドルを回して衣類を圧縮し水を絞る。
［下］リネンなどの重い生地に折り目をつけるリネン・プレス。

洗濯はこのように、桶に入れた洗濯物を棒で押して洗う。

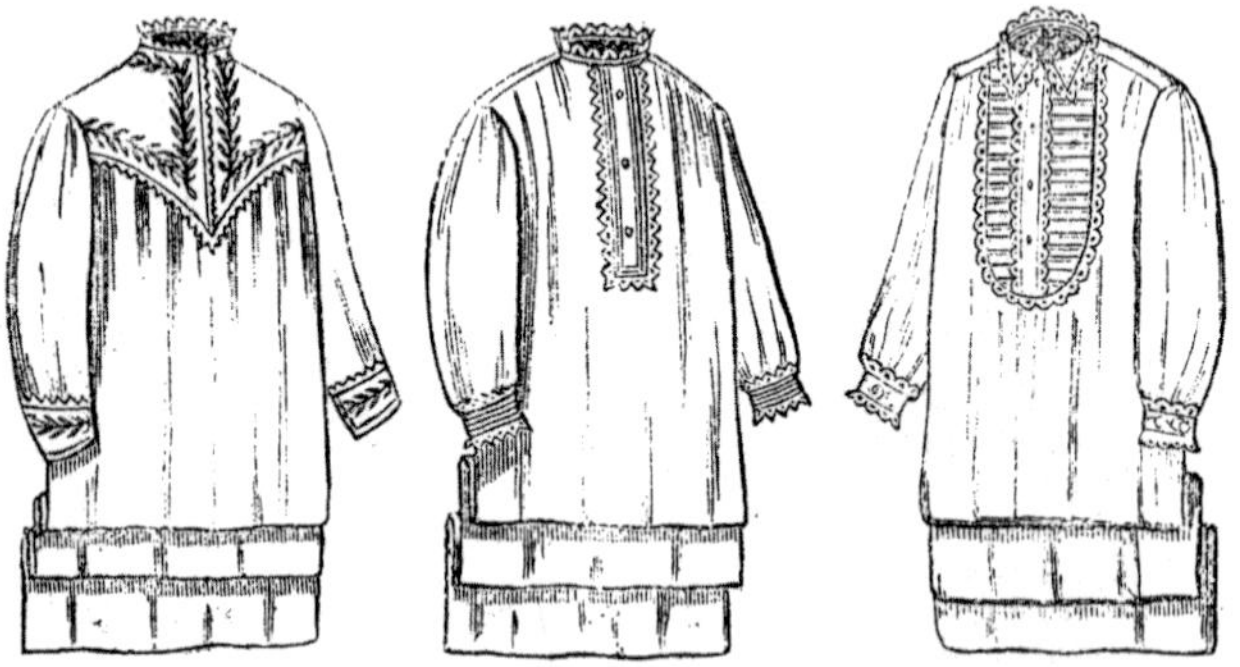

婦人雑誌、少女雑誌には自分で作れるよう型紙や縫い方の記事がよく載っていた。『ガールズ・オウン・ペーパー』。

すためには、古くて繕《つくろ》ってあっても、清潔できちんとそろった服を着ていることが大切であった。お古の華美なドレスはそのまま着るのではなく古着屋に売るか、自分に合わせて縫い直す。汚れていたり、だらしない服装は論外であった。たとえ物乞いであっても、きちんとした服装の者のほうが実入りは多かったという。一九世紀後半にできた小学校の規則にも、きちんとした服装や靴の着用が定められていた。

小説『ラークライズ』によれば

普段着は穴があいていても清潔であればよかったが、日曜の晴れ着にはこだわりがあった。村には村の基準があったので、もらい物もそのまま着るわけにはいかない。赤や黄色はあばずれ女の色、緑は不吉とされていて、染め直してから着た。青だけが色ものでも非難されなかった。古着の中でも最も人気があったのはメイドが午前中に着るプリントのワンピースで、淡いライラック、ピンク、クリーム色が好まれ、白地に小枝模様も好評だった。こうした服は、お祭りや日曜日用の女の子の晴れ着に縫い直された。町よりも流行はやや遅れて届いたので、古着でちょうどよかった。

日曜の晴れ着でその頃流行っていたのはティペットという肩掛けショールで、サテンやシルクで裾にフリンジがついているものだった。おとなの女性は全員、少女も数人は持っていて、胸元にコサージュでとめて教会や日曜学校に羽織っていった。

帽子は筒型がはやっていたが、そのうち低いトップのものにとって代わった。

スカートの後ろに膨らみをつけるバッスルが流行していたが、古い服を丸めてクッションにし、腰に結んでその上からスカートをはけばよかったので、安上がりだったし、長い間流行っていた。

洗濯は月曜日と決まっていた。石鹸が売られていなかったので、ひたすらこすり洗いをするしかない。洗濯盥《せんたくだらい》もないので、調理用の大鍋で煮洗いする。洗濯は生垣に張ったロープに干すが、雨が降ると家の中に干すのでひどくうっとおしかった。（第六章）

五月祭、つまりメイ・デイの花輪をもって並ぶイフリーの子どもたち。

ピクニックに興じるワーキング・クラスの人々。
『イラストレイテッド・ロンドン・ニューズ』より。

村に赤ん坊が生まれると、牧師の娘ミス・エリスンから木箱が一つ、貸し出される。その中には新生児に必要な肌着、おむつ、フランネルのシャツ、寝間着、よだれかけが六組、きれいに洗濯され繕われた状態で入っていた。ベビードレス、お祝いの紅茶、お砂糖、産褥《さんじょく》のお粥用の挽きカラスムギ粉一缶も添えられていた。この箱は、予約制で、出産から一か月借りていることができる。次に予約がなければ延長もできた。男の子用には水色、女の子用には花柄プリントで、ミス・エリスンの丁寧な手縫いの作品だった。

4 余暇・娯楽の始まり

ヴィクトリア朝も後半になると、イギリス人はようやく勤勉だけではなく、「遊ぶ」ということに価値を認めたようだ。労働時間が徐々に短縮されたのに加え、働く人々のための新しい休日が設定された。そもそも農業に従事している労働者が多かった時には、休日などというものは意味を持っていなかったが、都市の労働者が増えた時代においては、これは大きな変化だった。銀行と政府関係の勤め人の休日はクリスマスと聖金曜日（イースターの前の金曜日）だけであったのが、クリスマスのあとの一日（ボクシング・デイ）と、五月と八月の最後の月曜（バンク・ホリデイ）が加えられ、その他の労働者にも波及したのである。家事労働は最も自由時間が少ない仕事だったが、四旬《しじゅん》節《せつ》の中の四番目の日曜日はマザーリング・サンデイ（母の日だが、もともとは母なる教会の日だった）と呼ばれ、若いメイドたちは里帰りする時間を与えられた。また、寄宿舎学校はこの週を春休みとして採用した。

　余暇ができると、これを楽しく過ごすために、博物館、クラブ、演芸場などが作られ、パブでの社交もさかんになった。国中を鉄道が走り、家族旅行がたやすくなると海辺の保養地が人気を博した。階級差はあれ、娯楽や気晴らしの数々は広く国民全体に共有されるようになった。

スポーツ

男性にとっての最大の娯楽はスポーツで、階級を問わず、人気があったのは競馬、ボクシング、クリケットである。富裕層はお金を払って競馬場の観戦席を確保し、ワーキング・クラスは無料の場所で、それぞれ観戦し賭けた。ボクシングは主にワーキング・クラスのスポーツだったが、上流階級にも熱烈な支持者がいた。ロンドンの貧困地帯では、宗教団体が青少年に連帯感を持たせ、気を発散させ、飲酒に手を出さぬよう導くことを目的として、ボクシングを率先して導入し、指導していた。中流階級がもっとも熱心に行ったのはクリケットで、フランネルの長ズボンとジャケット、キャップという服装規定もしだいに整っていった。いずれのスポーツも、さかんになるとともにルールも制定され、今と同じようなものになっていく。

　世紀末になるとこうしたものにとって代わって中心的になるのがフットボールである。もともと競馬やボクシングとは違い、賭け事、飲酒、暴力とは無縁だと

［上］少年雑誌『ボーイズ・オウン・ペーパー』の創刊号はまずフットボールの物語を載せた。
［下］クリケットを行う少年たち。『ボーイズ・オウン・ペーパー』より。

ブルマーをはいて誇らしげに立つ女性に困惑している軍人姿の男性。

ローンテニスを楽しむ中流階級の女性。
長いドレスではあるが、動きやすい工夫がなされている。

道路で羽根つきをして遊んでいる子どもたちに迷惑したのか、紳士が傘をふって怒っている様子。『パンチ』より。

ハードルを飛び越える少年、クリケットのバットを構える少年をあしらって、少年たちに戸外のスポーツを奨励した。

考えられており、労働者からも雇用者からも支持を得た。ただしルールは非常にさまざまであり、今でいうフットボール(サッカー)とラグビーが異なるスポーツとして分かれたのは一八六三年のことである。世紀末になってからようやく余暇を手に入れたワーキング・クラスに、圧倒的な人気を博した。クリケットもフットボールも、最初は参加するスポーツだったが、だんだん観戦を楽しむものへと変化していった。

パブリック・スクールがチーム・スポーツを導入し、フェア・プレイとチームワーク、競争心のみならず、勇気、忍耐、自制心などの人格形成に大きな利点があると考えたのはよく知られている。大学でも引き続きスポーツはさかんで、オックス・ブリッジ対抗試合ボートレースなど他大学との試合も行われた。だが、パブリック・スクールには無縁の、大多数の少年たちは、広い競技場もなく、スポーツ用品もなくて、体育教育はなおざりにされていた。これが大きく変化するきっかけは第二次ボーア戦争だった。一八九九年、志願兵の健康状態があまりに悪いことに驚いたイギリス国家は、軍隊式反復訓練を教育課程に組み込み、退役軍人に指導に当たらせたのだ。

学校教育の外では、それよりも早く、労働者青少年のためのクラブがスポーツ施設や図書館を備えて夜間授業を行うなどしており、多くの参加者を集めていた。水泳もまた人気のスポーツで、海や川、池で泳ぐほかにも、水泳プールが多く作られるようになった。

女性にとっての運動は軽く散歩をするくらい、運動をすると女性らしさが失われる、競い合うことは女性の本質にもとる、と思われていた一九世紀の半ばにおいても、男女ともに興じることができるスポーツに、アーチェリーとクロッケーがあった。アーチェリーは上流階級のスポーツであり、どちらかというと趣向を凝らした帽子やドレスを競い合う社交行事であったが、クロッケーは主に中流階級で人気があった。芝生と安価な道具一式さえあればいい。走ることも飛び跳ねることもないので、コルセットやクリノリンをつけたままでもできるし、新鮮な空気の中で、女らしさを失うことなく楽しめるということで大人気であった。だが、芝生のある家に住むことなどかなわぬワーキング・クラスの女性には縁のない話だった。

自転車は女性たちの行動範囲を広げ、さまざまな活動に誘ってくれた。

自転車に乗れば男性と同様に広い世界へ走っていけたのだ。

女性がスポーツをしても別段不具合がないことが明らかとなってきた頃、下火となったクロッケーの代わりに流行したのがローンテニスである。広いコートが必要なリアルテニスと違って、家の芝生でできるローンテニスのルールやボールが定められ、女性たちはより活動的なスポーツに参加することができた。テニス用の動きやすいドレスが考案され、女性の服装改革の一端を担った。

世紀末、健康への興味関心が強まるにつれ、水泳、アイススケート、ゴルフも女性のスポーツとして認められていった。さまざまな体操も考案され、推奨された。しかし、どれもワーキング・クラスの女性には無縁のものだった。例外は自転車である。

サイクリングは一八九〇年代に大ブームを巻き起こし、階級を超えて女性に支持された。自転車は安くなり、中古の自転車なら一ポンドで買えたので、働く少女にも購入することができた。自転車そのものは一八六八年に、ペニーファージング・サイクルズと呼ばれる前輪が大きく、後輪が小さいタイプの自転車が発明され、その後改良を経て軽量化・安全化し、三輪車、四輪車ともに女性に愛用されていた。サイクリングは、医師も推奨する軽くていい運動であった。運動になるだけでなく、自転車は通勤の手段にもなるし、付き添いもいらない。今までにないほど、女性の行動半径が広くなった。自転車により、女性は行動の自由と、自立を手にすることができたのである。自転車ブームに乗って、サイクリング用に、スカートやペチコートに工夫を凝らしたドレスも考案され、動きやすい服装の導入がさらに推し進められることになった。

海辺への旅行

一九世紀初頭には、富裕層が独占していた海辺への休暇旅行は、鉄道の開通と発展によって中流階級のものとなり、さらに休日が増え、移動費が安くなった世

［上］浜辺でくつろぐ女性と少女。最初の頃、水着ではなく普通の服装で日を浴びた。
［下］水着を着て海水浴をするときはこうしてベージングマシーンを使う。左手に見える普段着の女性は水浴介助婦である。

紀末になると、ワーキング・クラスも日帰り旅行を楽しむようになった。富裕層が海辺に保養に行き始めた頃、スカーバラやブライトンに行楽施設を備えた優雅でおしゃれな海岸保養地ができた。海の空気は健康によく、海水浴も血行を促進して毒素を排するとして人気があった。ただし、この海水浴は、泳ぐのではなく、海水に二、三回身を浸すだけである。

　やがて中流層が海辺の家を借りて休暇を楽しむようになった頃には、水着に着替えるためにベージングマシーン（車輪付き移動脱衣小屋）がたくさん作られ、海辺に並んでいた。浜辺で着衣のままこの小屋に入ると、ロバが小屋を引いて海の中に入る。腰くらいの深さになると、小屋の中で着替えた人は、階段を降り水浴をするという仕組みである。ベージングマシーンの持ち主はワーキング・クラスの女性であり、水浴介助婦と呼ばれた。彼女は服を着たまま海に入り、小屋の外で海水浴の手助けをするのが仕事である。

ブラックプールの海水浴場はワーキング・クラスの人々で賑わった。

下町でパンチ＆ジュディの人形劇を見る人々。靴磨き、新聞配達などさまざまな仕事をしている子どもたちが含まれている。

　一八七〇年代くらいになると、昔ふうの水につかるだけの海水浴は廃れて、水泳を楽しむ人のほうが増えていった。人気のある海辺では男性と女性それぞれ専用のエリアが分けられていた。海辺の娯楽施設がどんどん増え、劇場、ホール、ステージが作られ、飲食所も作られた。ベージングマシーンも減り、水浴介助婦もいなくなり、女性の水着も泳ぎやすい形に整えられていった。ひざ丈チュニックとひざ下ドロワーズのそろいで、サージ生地で作られ、ベルトでウエストをくくるが、ゆったりしていてコルセットを使わない。

　ワーキング・クラスが海辺の休暇を楽しむようになると、リゾート地のほうも異なる客層を狙って発展していった。ブラックプールは工場労働者を、サウスプールは工場主を、といった具合である。パンチ＆ジュディの人形劇、旅芸人一座、占い、安い土産店、立ち食い店が目立つのは労働者向け、植物園、スケート場、ダンスホールなどの施設が多いのが中流階級向けだった。

Column

公衆浴場

ヴィクトリア朝のイギリスにも銭湯があったというと驚かれるかもしれないが、一八四〇年代から、庶民が楽しめる入浴施設は人気を博していたのである。

民間の浴場は温泉施設などで高価であったから、夏の間ワーキング・クラスの男性は運河や池で体を洗い、水遊びを楽しんだ。しかし水質からしてあまり健康的とはいえなかったうえ、全裸で水に入る人々に対し、下品だと非難が集中した。なにしろサーペンタイン池で水浴びする男性がいるものだから、女性たちはハイドパークを安心して散歩できなくなってしまうのだ（そもそも女性は、階級のいかんにかかわらず人前で水浴をしない）。

しかし、清潔さは重要なことと認められており、リヴァプールでは自治体が一八四二年、浴場と洗濯場を備えた複合施設を開設、洗濯桶を一ペニーで貸し出し、冷水一ペニー、温水二ペンスの料金で使える浴槽を提供し始めた。第二の施設が建設されると、それを視察したロンドン主教プロムフィールドはついに一八四五年、無料で使用できる施設を実験的にホワイトチャペルに作り、翌年「入浴洗濯場法」が制定されると、さまざまな教区で少額の料金を課する公衆浴場＋洗濯場が次々と作られた。洗濯場では桶、お湯、石鹸、炭酸ソーダが供えられ、アイロン台と乾燥室もあった。一人用の「スリッパ型浴槽」で入浴することができ、女性用、男声用浴場も完備した。タオル、浴用パンツの貸し出しも行われた。

こうした浴場の効果として期待されていたのは、貧困者が身体や衣服を洗うことだけでなく、礼儀と清潔さへの関心を身につけることであった。洗濯場では女性監督者が目を光らせて窃盗、口論、騒動を取り締まり、洗濯桶の間には木製の仕切りが置かれて監獄のように分離され、入浴中もお互い話をしないよう管理されていた。

とはいえ、入浴に来た人々が関心を寄せていたのは清潔さの医学的、道徳的、精神的恩恵などではなく、温水のぜいたくさ、泳ぎ、きれいになった衣類の快適さであって、彼らはレジャーとして浴場を使用していたのであった。

冷水浴を推奨する医学書は多かったけれども、人気があったのは温水で、多少料金が高くても多くの人が温水浴を楽しんだようである。

ランベス・ロードにあった公衆浴場で洗濯をする女性たち。

手芸

少女の頃からいつも勤勉であることを諭《さと》されていた女性にとって、することがなければ余暇に針仕事をするのは自然だった。中流階級の女性であれば刺繡《ししゅう》やレース編み、とりわけベルリン刺繡と、白地に白の刺繡が人気であった。また、編み物なら基本的にどんな階級の女性もすることができた。女性向けの雑誌には、デザインやステッチ、型紙、刺繡を利用したインテリアや衣装の工夫などの記事が満載であった。

その他の手芸としては、ビーズ細工、貝殻細工、木彫り、ガラス絵、ステンシル、蠟細工の造花作り、押し花、など多種多様なものがもてはやされた。こうしてできた作品は、自分の家の室内装飾になるのはもちろんのこと、チャリティ・バザーの格好の売り物になったし、施設に寄付されることもあった。

編み物をしながら道を歩く少女。

読書

識字率が格段に向上したヴィクトリア朝は、初めての娯楽のためのマスリーディングの時代となった。高速印刷、安い紙、挿絵複製技術、できあがった本の運送手段などの条件がかない、全国的に読み物が出回ったからである。新聞、雑誌、書物は中身も値段もさまざまなものが出そろった。といっても一冊の小説本は高価で、巡回図書館や貸本屋を利用する人も多かった。借りられる本の回転をよくするため、多くの長編小説はスリー・デッカーズと呼ばれる三巻本の形で出版された。大衆受けするロマンス小説や、煽情的なミステリ小説などが大流行して、多くの人に読まれた。

ペニードレッドフルの一例。
『ブラックベスまたは街道の騎士』表紙。

雑誌に載っていた刺繍のデザインや型紙、作り方のさまざま。手芸が女の子の趣味と実益を兼ねるものとしてクローズアップされていたことがわかる。

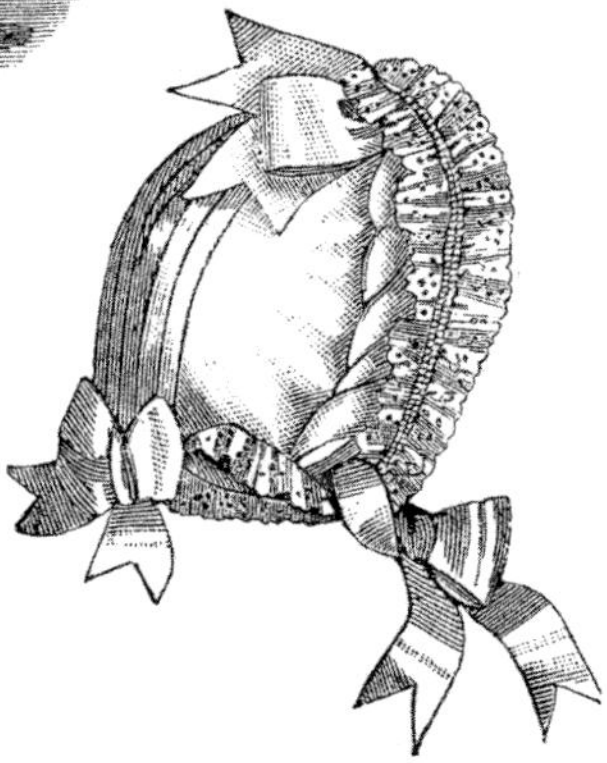

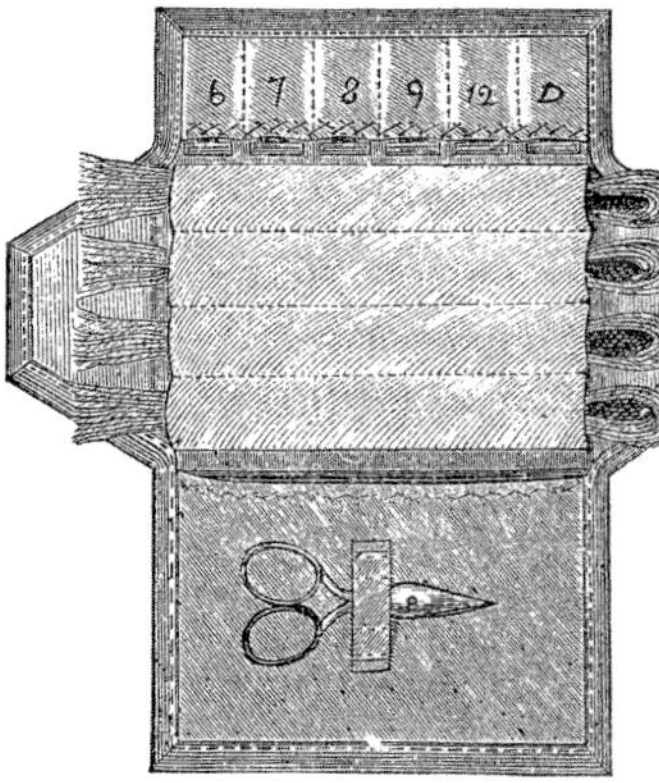

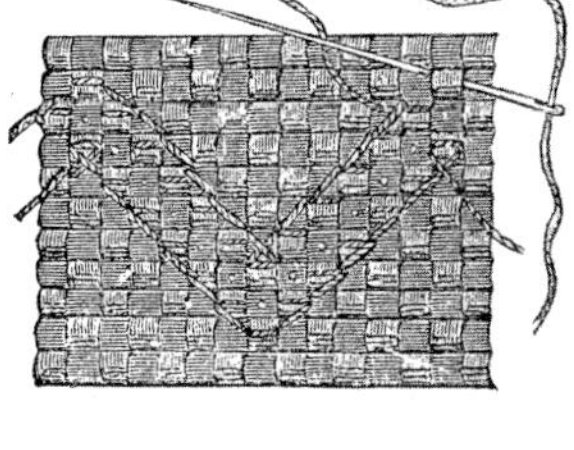

雑誌連載の形で買うことも、週刊で買うこともできたので、ワーキング・クラスも読書を楽しむことができた。暗くなっても字が読める照明の発明と普及も大きく貢献した。家族の他のメンバーが手作業をするかたわら、一人が声を出して本を読んで聞かせるファミリー・リーディングもさかんだった。

週刊、月刊の雑誌も、ファッション、医学から園芸、女性誌から子ども向けまで、さまざまな種類のものが刊行され、流行を作りあげ、情報を提供した。

またスリルとサスペンス、エログロを表に押し出した雑誌類も大流行し、ペニードレッドフルと呼ばれ、猟奇的殺人事件やセンセーショナルなゴシップで人々を惹きつけた。そんな有名な事件には、「ばね足ジャック」「スウィーニー・トッド恐怖の床屋」など、今でも知られているものがある。

音楽

どの階級の人も、現代よりもずっと歌うことには親しんでいた。異なる複数の聖歌隊を抱えている教会も多かったし、聖歌隊に入っていなくてもすべての人々が讃美歌を歌った。中流以上の階級では娘たちがピアノを習わされ、アップライト・ピアノは安価になって、中流家庭に普及した。ピアノが買えないようなワーキング・クラスの家では、フィドル（大衆音楽で使用されるヴァイオリン）が愛好された。楽譜が非常によく売れ、何かの会合に行くときには、各自楽譜を持参するのが習わしとなった。家庭雑誌にもさまざまな楽譜が載り、好評を博した。

一六世紀頃から人の集まるところで歌われる俗謡は、大判の紙に印刷されていたことからブロードサイド・バラッドと呼ばれていたが、一八世紀前半から、しだいに読み書きができない人々が政治や社会に対する不満をぶちまけるためのメディアとなっていった。貧者のジャーナリズムと呼ばれるゆえんである。このブロードサイド・バラッドは、一九世紀になってからもワーキング・クラスの人々の思いのたけを歌う俗謡として引き続き歌われていった。こうした流行歌は、一九世紀の娯楽の殿堂ミュージック・ホールの定番となる。

雇用主や労働組合がスポンサーとなって演奏グループを作ることもよくあり、たいていの町には一つはブラスバンド隊があった。ブラスバンドはダンス曲や行進曲、派手なアレンジのクラシック曲などを演奏して、お互いに競い合った。一

街頭歌詞売り。歌詞が印刷された長い紙を「3ヤード1ペニー」と言って売る。

街頭でオルガン弾きの音楽に合わせて踊る子どもたち。

ヴィクトリア劇場は人気の劇場で、天井桟敷は3ペンスだったのでいつもすし詰め状態だった。

祝祭日のフェアはいつも人々でいっぱい。

八五三年にはマンチェスターのベルヴューでブラスバンド・コンテストが始まる。合唱もワーキング・クラスに人気があり、フェスティバルも催された。こういった催しは最後に必ずヘンデルの「ハレルヤ」の大合唱で閉められた。これらの音楽活動は、実は禁酒運動と深いかかわりがある。労働者たちを酒から引き離そうとする社会改革運動と、職場以外でも労働者を管理しようとする資本家側の思惑が一致して後押ししたからである。こうして音楽はアルコールを「ほどほどにたしなむ」だけにとどめておく手段として重用されたのであった。

音楽に合わせて踊るダンスは、どの階級にとっても楽しみであり、社交であった。上流階級はプロの楽団やピアニストを雇って専用の舞踏室やホールで舞踏会を開き、中流階級は家の家具を脇に片付けてハウス・パーティを楽しんだ。ダンスのステップは基本的な教養であると同時に、優雅な物腰やよい姿勢のために身につけるべきだとされていたのだ。それほどの余裕のない人々も、フィドルに合わせて戸外や納屋でのダンスに興じた。海辺の保養地にもダンス場があり、毎年夏に観光客たちがその機会を楽しんだ。

Column

ミュージック・ホール

人気のミュージックホール、カンタベリー・ホール。

ジンゴイズムの語源となった「バイ、ジンゴ！」のポスター。

男装の歌手、ネリー・パワー。

音楽、手品、曲芸、腹話術、パントマイムなど、ありとあらゆる大衆演芸が行われ、それを見に集まるワーキング・クラスの観客の日常生活にどっしりと根を下ろした娯楽施設、それがミュージック・ホールである。

それまでも、酒と演し物を提供してきた娯楽施設には、パブやプレジャー・ガーデン、フェアなどがあったが、それらを複合してできたミュージック・ホールはヴィクトリア朝後期に始まり、一九一〇年代に全盛期を迎えた（二〇世紀に入ってからはヴァラエティ・シアターと呼ばれる）。訪れる客の数は週に一〇〇万人を超え、ミュージック・ホールはワーキング・クラスの文化の発信の場となった。

客は入り口で六ペンスの入場料を払ってプログラムを受け取るが、この料金にはホール内での飲食代が含まれている。広い控えの間から一階フロアに入るとテーブルが何列も並び、軽食と飲み物が並べられている。二階ギャラリーにも同じように場所があり、職人も商人も食事や酒を楽しみながら、舞台の上で絶え間なく演じられている演し物を見るようになっている。演し物は音楽付きの芝居が多かったが、観客は見るだけではなく、舞台・客席一体となって合唱するコーラスを楽しんだ。

そもそも音楽を聞かせる場所を開くには、治安判事からのライセンスが必要であったが、その中には二つの種類があった。コンサート・ホールとミュージック・ホールである。純粋に音楽を楽しむコンサート・ホールでは、飲酒・喫煙が禁止されていたが、ミュージック・ホールでは酒もたばこも飲み放題であった。有名なミュージック・ホールはウエスト・エンドにある「アルハンブラ」「オックスフォード」などであるが、草分け的な存在は貧民街であるランベスに作られた「カンタベリー・ホール」で、収容人数一二〇〇人の大規模なホールだった。

それまでのパブやクラブと違い、ミュージック・ホールは子どもや女性にも開かれていた。ミュージック・ホールの父と呼ばれるチャールズ・モートンは、健全な家族の娯楽施設をめざしていたからである。これに対しては、中流階級の女性運動家たちからかなりの抗議があった。彼女らはワーキング・クラスの再教育をめざしており、ここが売春婦の仕事場になることを懸念していたからである。

ロンドンから始まったミュージック・ホールは音楽活動がさかんな北部の工業都市にも広がり、スコットランドにも広がった。一八九〇年代になると、アクロバットに手品・奇術、パントマイム、怪力男、火吹き男の見世物、寸劇、漫才などありとあらゆるショーが演じられるようになる。すると、ミュージック・ホールもおのずと飲食ではなく観劇に重きを置く場となっていった。大規模化したミュージック・ホールは入場料に差を設けて、中流階級の客をも惹きつけ、果てはエドワード皇太子にも愛された。

ミュージック・ホールからは多くの有名な芸人が生まれ、流行歌が生まれた。一八六〇～七〇年代、「シャンペン・チャーリー」という大ヒットソングを飛ばしたジョージ・レイボーンはその一人だが、もとはバーミンガムの職工だった。自ら作詞したこの曲はイギリス中の若者に歌われたという。中流階級の年収が三〇〇ポンドの時代にあって、彼の週給は一二〇ポンドにまでアップした。アルフレッド・ヴァンスは、レイボーンのライバルとも言われた芸人で、「夫たちのボート」というユーモラスな歌を歌った。どの歌も、コーラス部分では観客と一緒に声を合わせて歌うのである。

女性の芸人が生まれたのも、ミュージック・ホールの大きな特徴である。ジェニー・ヒル、ベッシー・ベルウッド、ネリー・パワーの三人が草分けで、いずれも貧しいワーキング・クラスの家に生まれたが、小遣い稼ぎに歌い始め、歌手として大成功を収めた。ベルウッドのヒット曲、「がんばれ、リア!」は、たくましく仕事に精をだし誇り高く生きるロンドン娘を歌いあげている。ネリー・パワーの売りは男装で、都会の洒落男を演じた。彼女らはヴィクトリア朝の貞淑でおとなしい女性像はどこへやら、奇抜な装い、笑いを誘う振り付けで、自由にパワフルに歌い踊った。チャーリー・チャップリンは、父も母もミュージック・ホールの芸人だったという生え抜きである。

はじめの頃はあまりいなかった女性客もだんだん増え、一八八〇年代には四人に一人は夫婦連れの客だったという。

ミュージック・ホールは、「ジンゴイズム」つまり大衆的愛国心を意味する言葉の発祥の地でもある。これは一八七七年にG・H・マクダーモットという芸人が歌ってその後一〇年以上の大ヒットになった「バイ、ジンゴ!」という歌に由来する。そもそもこの歌は「俺たちは戦うのは嫌だ」という歌詞なのだが、コーラス部分の「バイ、ジンゴ!」という繰り返しとともにマクダーモットが威嚇するようなジェスチャーで観客を扇動し、何度も何度も繰り返す威勢のいい部分が人気を博した。彼の合図でこぶしを突き上げ、「バイ、ジンゴ!」と声をそろえて叫ぶ、その部分だけが有名になり、世紀末の帝国主義的な空気の中で、仲間意識を高揚させたのである。もともと「ほら、ごらん」くらいの意味しかなかったこの言葉が新たな意味を獲得したのも、ミュージック・ホールという場であった。

Column ブラスバンド

　ワーキング・クラスの文化が誇るもっとも目覚ましい成功を代表するのがブラスバンドである。吹奏楽団とは違い金管楽器と打楽器によって構成された楽団で、そもそもは救世軍のバンドから始まったといわれる。その後、主に炭鉱などの労働者の慰安と娯楽のために結成された。一九世紀後半、バンド同士のコンテストが継続的に行われることで編成がスタンダード化、レパートリーが拡大し、演奏水準も高度化していった。二八人編成が前提で作曲や編曲がなされており、コルネット、ホーン、トロンボーン、ベース、パーカッションの各部門からなる。とりわけイギリスのブラスバンドは、荘厳で落ち着いた柔らかな音色が特徴で、讃美歌のようなハーモニーを醸し出すことができるため、布教活動にも向いていた。全盛期の一八八九年には英国全土に四万ものアマチュアバンドがあったといわれる。

　一九九六年のイギリス映画、『ブラス！』は、一九一七年に南ヨークシャーの炭鉱労働者の余暇活動として結成されたバンド、グライムソープ・コリアリー・バンドの実話をもとにしている。炭坑閉鎖に揺れる街で生きる希望を失いかけていた人々が、仲間たちで結成した伝統あるバンドを通じて団結し、誇りを賭けて全英大会に出場する様子を描いている。

炭鉱閉鎖ストライキとブラスバンド活動を描いた映画、『ブラス！』。

Column パンチ&ジュディ・ショー

　パンチとジュディとは、パンチ・マンと呼ばれる上演者が片手に一つずつ操る手遣い人形による人形芝居のキャラクターである。パンチ・マンはヘンリー・メイヒューの記録によれば、数多い街頭芸人のトップを飾る存在であったようで、人気も実入りも芸人のスターと見なされていた。

　パンチの起源はイタリア喜劇の好色・粗暴・狡猾《こうかつ》な道化プルチネッラに求められるというのが通説で、この人形劇版がヨーロッパ各地に広まり、各々のお国柄を反映して変容してゆき、イギリスで根づいたのがパンチ&ジュディ・ショーだという。一七世紀頃から上演されていた記録はあるが、出版され残っている最初の台本は、一八二八年の『パンチ&ジュディの悲劇的喜劇もしくは喜劇的悲劇』と題されたものでジョージ・クルクシャンクの挿絵による。その後も演じる人によってのバリエーションが繰り返されていったが、口承文芸同様、お芝居の骨格は変わらなかった。

　グロテスクで無骨な人形が演じるのは、セックス&ヴァイオレンスの芝居であると岩田《いわた》託子《よりこ》は述べている。基本的に、開幕はパンチとジュディが愛の証として露骨に抱擁し言葉を交わす。次に赤ん坊が登場。泣き叫ぶ赤ん

パンチ＆ジュディ・ショーの箱舞台。

坊に怒り狂ったパンチが、この赤ん坊を打ったり投げ捨てたりして殺してしまうと、あとはとめどもない暴力の世界が始まる。赤ん坊の死をなじられてパンチはジュディに殴りかかり、ぶちのめし、次から次へと登場するものを殴り殺したあげく、死刑執行吏をだまして逆に首をつらせてしまうし、悪魔と対決しても勝ってしまう。道徳もへったくれもない最強の悪人パンチ、という結末はワンパターンではあるが、その荒唐無稽さゆえに大変な人気を誇った。

パンチの相手役としてはその時代時代の嫌われ者が登場する。教区吏、絞首刑執行吏、警官、医者、悪魔などである。嫌われ者の教区吏の名前は、バンブルに決まっているが、これは『オリバー・ツイスト』の登場人物である。絞首刑執行吏の名前は、一七世紀に実在したジャック・ケッチの名前を使っている。また、登場するイヌの名前はトービーと決まっており、芸を仕込まれたイヌのしるしに首にえり飾りをつけている。後世、イヌにはトービーという名前が多いのは、ここからきているのである。

上演用の舞台は、基本的にパンチ・マンが一人は入れるくらいの簡素な箱舞台で、持ち運びが容易だった。登場人物は一度に二人しか登場できず、パンチ・マンが一人二役を演じる。そのさい、パンチだけがスワッズルと呼ばれる一種のマウスピースを用いて人工的な声をあてられる。ジュディは裏声で女性を演じる声となるので、独特の声質からなる芝居になった。

街頭でワーキング・クラスの聴衆に向かって演じるのが普通だが、夏場などは行楽地へ巡業に行く。そのため夏の海辺での風物詩となったのである。また、お屋敷街を呼び込みに出かけて注文を取り、中流階級向けには窓から外を見てもらえるよう上演した。その場合は、家庭用にセンチメンタルな要素を強調し、暴力やインモラルな表現は控えたらしい。そういうわけでパンチ＆ジュディ・ショーは、ワーキング・クラスから王室に至るまで、国民的な人気の演し物になったのである。現在も人形芝居は興行されているが、不適切な言葉や結末は削除され、変更され、そもそもの持ち味は失われつつある。

パンチ＆ジュディの人形。

ロンドン動物園でライオンにえさをやっているところ。

ショーと演劇

伝統的なところでは、サルを連れた手回しオルガン弾き、手品師、「パンチ＆ジュディ」人形劇など、多くの路上芸人が、労働者や子どもたちを惹きつけていた。ジオラマやパノラマなど、視覚をくらませる装置のショーも人気があった。見世物小屋のフリークショーもさかんで、「エレファントマン」として有名なジョセフ・メリックは自ら志願して病気で変形した姿を見世物にしたのは一八八四年のことである。こうした猟奇的《りょうきてき》な見世物小屋は、しかしその頃からしだいに公序《こうじょ》良俗《りょうぞく》を乱すものとして排斥されるようになっていく。

ロンドン動物園は一八二八年に、マダム・タッソーの蠟人形館は一八三五年にオープンしたものだが、今に至るまで人気がある。

ヴィクトリア＆アルバート博物館、ナショナル・ギャラリーなどがオープンし、すでにあった大英博物館も加え、賑わった。国内外の収集品を展示したのもこの時代である。最初は、無料で入場できる日は一年に何日かしかなかったが、議論の末、唯一労働者が来場することができ

芸をするクマ。ヴィクトリア朝の子どもたちの人気者だった。

マダム・タッソーの蠟人形館は尽きせぬ魅力。

る日曜日の開館と入場無料化が進んでいった。

オペラは上流階級に人気の舞台だったが、当初、中流階級の人々にとって、芝居を見に行くというのはかなり抵抗のあることだった。プロテスタントは芝居を罪悪だとみなしていたからである。だが、ヴィクトリア朝の良俗に合わせて注意深くカットしたシェイクスピア劇が上演されるにあたって、しだいに中流階級の人々も劇場に足を運ぶようになり、ヘンリー・アーヴィングやエレン・テリーなど有名な俳優が人気を博した。ヴィクトリア朝に書かれた戯曲は時世の好みを反映して非常にメロドラマティックである。だが、職業としての俳優・女優はけっしておおっぴらにお勧めはされていない。

『小公子』の主人公セドリックを演じる少女俳優、エルシー・レスリー。

Column ヴィクトリア&アルバート博物館

一八五一年のロンドン万博の展示品や収益をもとに一八五二年、産業博物館としてマールバラ・ハウスに建てられた。初代館長はヘンリー・コールである。五年後、現在の場所に移転し、サウス・ケンジントン博物館と名づけられた。館内に喫茶エリアがある博物館は、これが初めてである。数年後には、ガス灯のおかげで夜間開館が可能になったが、これは現役の職人や工芸家が利用できるようにするためであった。というのは、当初からこの博物館は、熟練技術を持つワーキング・クラスの趣味と教養を高め、その技術の向上に寄与することを目的としていたからである。入場料は無料だった。

大英博物館やナショナル・ギャラリーが「学問的研究」「高尚芸術（ハイ・アート）」をめざしたのに対し、こちらの博物館はあくまで実践的な芸術と技術、つまりインダストリアル・デザインの普及をめざしていた。

一八九九年、ヴィクトリア&アルバート博物館と改称、現存の建物は一九〇九年の竣工である。家具、写真、彫刻、絵画、アジア美術品、衣服、ガラス工芸、金属工芸、武具など、コレクションは多岐にわたる。

ヴィクトリア＆アルバート博物館、前景。

Column ロンドン動物園

一八二八年、ロンドン動物学研究協会は、リージェント公園の北半分に世界で最初の動物園を建設した。設計にはデシマス・バートンがあたり、四三〇種類の動物・鳥類を飼育した。最初の目的は、主に科学的な研究のためであったのだが、当初から大変な人気を博した。最初の二〇年は、動物学協会の会員と、一シリングの入場料を払うことのできる裕福な層にしか開かれていなかったが、そのときですら最初の七か月で三万人の入場者を集めたのである。

動物園は、人々のエキゾティックな風物への憧れを掻き立てた。人跡未踏《じんせきみとう》の砂漠や荒れ地、そびえたつ山や峰に感じる孤高のロマン、けわしいヒマラヤの岩山、ヨーロッパの山の高さよりもはるかに深い緑の谷間を垣間見るような経験。獰猛《どうもう》で狡猾《こうかつ》な動物や、ぬめぬめと這うヘビ類、ぺちゃくちゃとしゃべるようなサルたちの群れ……そんな動物と出会うことのスリル。しかし、同時に動物とふれあうことの楽しさは、バンドの演奏する音楽によって盛り上げられ、入場料が六ペンスの月曜には、広い階層の人々が集まってきて、賑やかな様相を呈した。

一八四七年からは一般公開され、さらに人気を博した。しかし、動物園は、見る楽しみだけではなく、教育という大切な目的をも有していた。

ロンドン動物園の全景。

子どもの遊び

ワーキング・クラスの子どもたちは何でも手に入るもので遊んだ。手作りの人形、トチの実に糸を通して打ち合うコンカースという遊び、追いかけっこや鬼ごっこ、縄跳び、石けり、九柱戯（ボウリングのような遊びで九本のピンを倒す）、手遊び、お遊戯。ナーサリー・ライムとして知ら

「オレンジとレモン」の遊戯は2人の子どもが手をつないで作ったアーチをくぐり、歌が終わったところでアーチにつかまった子が負け。

フープ（輪回し）はお金のいらない子どもたちの遊びだった。

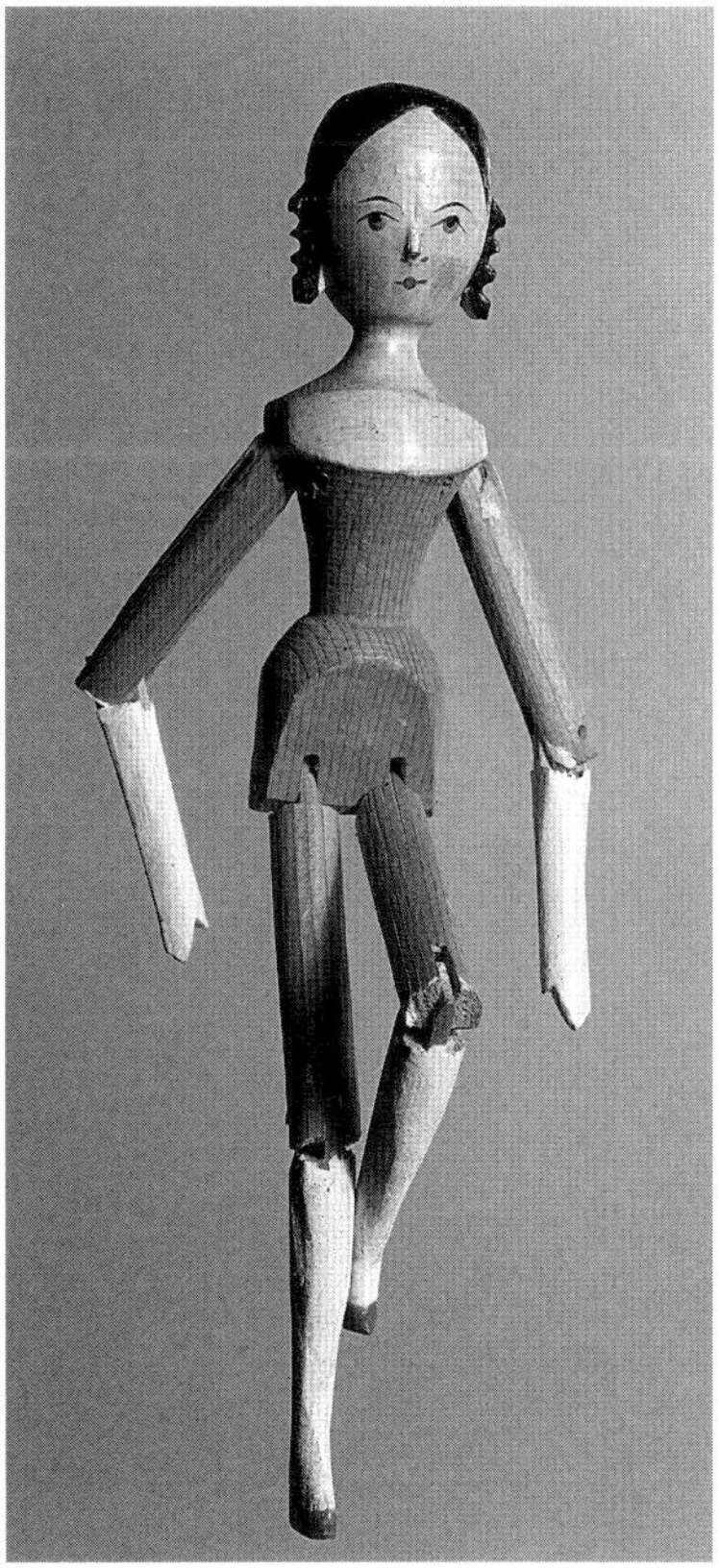

木で作られたオランダ人形。
安価で貧しい家の子どもたちにも愛された。

おもちゃ はなくてもどこでも遊べるのが子ども。野原でイヌと走りながら遊ぶ子どもたち。マイルズ・バーケット・フォスター画『子どもたちの遊び』。

あやとりは英語で「ネコのゆりかご」という。あやとりをして遊ぶ農家の子どもたち。キャロライン・パターソン画『あやとり』。

れる歌には、「ロンドン・ブリッジ」や「クワの木の周りをまわろうよ」などの遊び歌もたくさんあり、年上の子が下の子に教えて、伝わっていった。だがこうして遊んでいられるのも、一一、一二歳までであった。

もう少し裕福な家庭でも、子どものおもちゃはごくシンプルでこま、ボール、おはじき、木の兵隊、指人形などがあった。中流階級の子ども、とくに女の子は、戸外で遊ぶことはほとんどなかった。安息日の教えが厳しく守られる家庭では、ノアの箱舟のおもちゃが、唯一日曜日に遊んでもいいものだった。

中流階級の幅が広がり、遊んでいられる子ども時代が長くなるにつれ、おもちや市場もより活発になった。大量生産、華やかな色彩のもの、弾力性に富むものが可能になると、さらに種類が増えていった。着せ替え人形、人形の家、真鍮《しんちゅう》の兵隊、幻灯機セット、トイシアター、ジグソーパズルなども人気を博した。木製のおもちゃは、とりわけドイツ製のものがもてはやされた。スクラップ・ブックに貼る色とりどりのシールが出回って、女の子たちは専用の帳面だけでなく、箱や暖炉の衝立などにもカラフルな紙を貼り付けて楽しんだ。

遊びの伝達は、ただ口承によるだけではなく、少年、少女雑誌の役割も大きなものがあった。

フローラ・トンプソンは、ヴィクトリア女王の在位五〇周年記念祝賀祭（ゴールデン・ジュビリー　一八八七年）の際に、村で行われた祝賀祭についての思い出を、主人公のローラに託して語っている。好天に恵まれ、村中の人々が一番の晴れ着を着て、庭園の大祝賀祭に参加した。見たこともないほど大勢の人が集まり、回転木馬、ぶらんこ、射的小屋、ココナッツ割の小屋などが並び、大きなテントのなかでお茶が飲めるように支度され、食パン、バター、ジャム、ミルクティーが次から次に供された。ブラスバンドが演奏し、呼び込みの声が聞こえてくる。

お茶のあとは運動会やゲームが続き、かけっこや障害物走、棒のぼりが競われる。上流階級の人たちもおしゃれをしてやってきて、村人たちに気遣って話しかけてくるが、彼らがいなくなると明らかに空気はほっと解放される感じがしたという。

二〇〇人くらいもいたかと思われる子どもたちはみなお小遣いをもらい、木馬に乗り、駄菓子を買った。そのうちに旅の曲芸団が見世物を始める。入場料は一ペニーで、テントの中で綱渡りの興行がある。

足元にはおがくずが敷き詰められ、薄暗いテントの中に、道化師の格好をした男と、タイツをはいて冠をかぶった二人の少女がいた。色白で繊細な少女が見せる綱渡りダンスはあっというまに終わってしまったが、見ていた子どもたちを魅了するには十分で、そのあと、興奮の余韻は冷めやらず、そのあと一年は自分もやってみようと木棚によじ登って真似をしていたという。

5　宗教と道徳

宗教

一八五一年の調査では、教会に通う人の割合は六〇％で、意外に少ない。大多数の国民は英国国教会に属する（四七％）か、非国教会派《ノン・コンフォミスト》と呼ばれるその他のプロテスタント教会、たとえばメソジスト派、バプティスト派、長老派、会衆派、ユニタリアン、クェーカー（四九％）に属していた。カトリックは少数派（四％）である。非国教徒は町に多く、とくに台頭しつつある技術者や商業家に多かった。村の労働者より、町のほうが教会とのかかわりが強く、日々の暮らしは教会を中心に動いていた。労働者の子どもたちは日曜学校に通い、教会が主催するレクリエーションに参加した。教会は教育と文化の担い手でもあったのである。

英国国教会と非国教会

国教は❶福音主義（ロウチャーチ派）、❷ハイチャーチ派、❸ブロードチャーチ派の三つの派に分けられる。❶の福音主義は個人の信仰と回心を重んじ、教会よりも自ら聖書を読み神に近づくことを重要視し、道徳的向上と社会改革、慈善活動を推し進めた。識字率の向上と日曜学校運動の担い手になったのはこの派であった。❷のハイチャーチ派は、もっともカトリックに近く、司祭の序列と儀礼と教会の権威を重んじる。オックスフォード運動と呼ばれる宗教改革運動を始めたのはこの派である。❸のブロードチャーチ派はリベラルで寛容、どんな形でもキリスト教であれば受け入れようとした。二〇世紀の初めになるとその寛容さのおかげで、最も受け入れられる派となった。

国教徒は政治的に保守派が多かったが、非国教徒には自由党が多く、おおむね社会的地位の低い人が多かった。非国教徒の事業家が成功を収めると、その子女は英国国教会に入ることもあった。当時の用語では、非国教徒が行くのはチャペルで、牧師はプリーチャー、国教徒が行くのはチャーチで、牧師はプリースト、ヴァイカー、レクターと呼ばれていた。

国教徒の日曜には、午前一〇時の日曜の礼拝、昼か夕方に二度目の礼拝が行われる。聖体拝受《せいたいはいじゅ》が行われるのは朝の礼拝のみであった。結婚式、洗礼式、お葬式などの儀式は、朝の礼拝の前に行われた。一九世紀の中頃になると、式は日曜でなくても行われるようになっていく。ハイチャーチ派と、いくつかの非国教徒の家庭では、日曜の安息日《あんそくび》をとくに厳格に守り、仕事も遊びも禁じていた。イギリスの日曜の退屈さというのは、二〇世紀初めまで外国人にも有名だった。

福音主義と慈善事業

国教・非国教を問わず、個人の宗教心を重んじる福音主義は、ヴィクトリア朝の福祉と社会の改善の担い手となった。来世のため功徳《くどく》を積むのではなく、働くことを通じて地上の生活を改善するという新しい信仰のあり方が広がっていったのである。おかげで奴隷貿易は廃止され、陸・海軍での鞭打ちや公開処刑も廃止された。罰を与えるより更生を、という考え方で学校が作られ、スラムを浄化し住宅環境が改善され、見世物や動物虐待は排され、児童労働時間の短縮が図られた。避難所や孤児院、障害者のための施設の建設、精神病院の改善も行われた。一人一人の慈善活動には限界があるというので、さまざまな組織が作られ、資金を募って大規模な改革運動が進行した。

海外の植民地に対する宣教活動もさかんになり、布教活動のための献金や寄付を集めた。宣教活動は国内にも向けられ、スラム地域の改善や禁酒の勧め、地道な布教活動と救貧活動が行われた。そんなときに使用されたトラクト本と呼ばれる小冊子を出版していた宗教叢書協会は、

ロンドンのスラム街の家の内部。

少年、少女向けの雑誌を発行し、大成功をおさめてその売り上げを資金に宣教活動を促進した。『ボーイズ・オウン・ペーパー（BOP）』、『ガールズ・オウン・ペーパー（GOP）』もそんな雑誌である。教会の改修、合唱隊の組織、ボランティア団体や少年少女のためのクラブなど、教会主体の催し物や行事も増えていった。このような教会主催のレクリエーション活動からボーイズ・スカウトやガールズ・ガイドなどが生まれてきたのである。

地方でも公共図書館、職業訓練学校、無料食堂、アルコール依存症更生施設、

1893年のウィガンの炭鉱ストライキの際、飢えた子どもたちを救った無料食堂。

スラム街で炊き出しをする人々。

ロンドンのセブンダイアルズの街頭の様子。

Column

救世軍

一八六五年、メソジスト派の牧師、ウィリアム・ブースが妻キャサリンとともに設立した伝道団体で、主にロンドン東部のスラムに住む貧しいワーキング・クラスの人々を対象に、伝道と救済活動を行ったのが始まりである。軍隊式の組織編成（大将、大佐、士官など）と軍隊用語の使用を特徴とし、メンバーは制服、制帽、階級章を使用、「救いの軍」と自称した。一般教徒は兵士と呼ばれる。しばしばブラスバンドとともに活動し、クリスマスの募金運動などを行った。

一八八〇年代から爆発的に広まり、イギリス本土だけでなく海外にまで勢力を伸ばし、伝道、社会福祉、教育、医療などの事業に取り組んだ。創設当初から男女同権を掲げており、女性士官も多い。現在に至るまで、その活動は続いており、国連NGOと認定され、ノーベル平和賞候補に挙げられたこともある。While Women Weep（WWW）と呼ばれる創設者の言葉は次のようなものだと伝えられている。

今日そうであるように、女性が泣いている限り、わたしは戦う。

幼い子どもが飢えている限り、わたしは戦う。

男たちが刑務所に出入りする限り、わたしは戦う。

酔っぱらいが残っている限り、街頭に哀れな女性がいる限り、

神の光を受けていない一人の魂でもある限り、わたしは戦う。

終わりまで戦う。

救世軍設立に力を尽くした
キャサリン・ブースの銅像。

救世軍の本部。

隔離病院、労働者のための海の保養所、盲人施設、などなど、多くのプロジェクトが実行された。上流階級の出資者が主催者になる場合が多かったが、事実上の運営に携わるのは中流階級の女性であり、資金獲得のためのチャリティ・バザーは彼女たちの社交行事でもあった。

こうした慈善事業は上・中流階級の女性のキャリアの場となり、家事労働を使用人に任せられる家庭の女性たちの情熱を傾ける、儲けを目的としない仕事としてぴったりだった。しかし、このような活動を通じて、女性たちは組織運営の手腕を磨き、資金獲得、会計、演説など、新しいスキルを開拓していった。一八六九年、慈善組織協会（COS）が設立さ

貧しい家庭を慰問のため訪れる
中流階級の女性の慈善活動。

村の小学校に慈善訪問に
訪れる中流階級の女性。

れ、個人的に行っていた慈善と宗教的な活動を統合するネットワークができた。こうして男性が無視を決め込んでいた社会問題に目を向けるようになった女性たちは、しだいに自らに参政権を求めて「女性参政権運動《サフラジェット》」と呼ばれる運動に身を投じてゆくことになるのである。

世紀末に近づくにつれ、教会に通う人は少なくなり、宗教が生活に占める割合も少なくなっていく。とはいえ、ヴィクトリア朝の教会から発したさまざまな運動や活動は次の時代に大きく花開いていった。

自助《セルフ・ヘルプ》と勤勉という道徳

ヴィクトリア朝の美徳を一言で表すならば、「向上」という言葉が最も適している。進歩を信じ、自らの努力で、社会的にも精神的にもより高い水準へ達するのが目標だった。サミュエル・スマイルズが『自助論《セルフ・ヘルプ》』(*Self Help*)という本を一八五九年に著して以来、この言葉は時代の合言葉となった。成功は、天与の才によるのではなく、努力して実際的な経験を積み、自らの力で達成するものだというスマイルズの信念の前では、貧乏も困難も、あらゆる障害物が成功への励みとみなされた。卑しい生まれを恥じることなく、勤勉に働くことへの誇りが初めて表明された。

サミュエル・スマイルズ。

福音主義的な考え方は、しかし、金儲けのためにのみ働くことを疎んじ、勤勉そのものが美徳であるとするものである。この勤勉に対する敬虔さは、あらゆる産業を発展させると同時に、失業保険も労働安全法もないこの時代の労働者にとって、危険で苦しい仕事に耐える心の支えとなっていた。また、ワーキング・クラスにとっても中流階級にとっても、有閑上流階級に対する反感、軽蔑の念を抱かせる結果にもなった。働かないことが旨であった中流家庭の女性にとっても、ただ無為に過ごす生活は不道徳だとみなされ、金儲けとは別の仕事、すなわち慈善事業や福祉事業に精を出すことになった。

リスペクタビリティ

リスペクタビリティ、つまり体面(他人がどう思うか)とか、身のほどを知る(自尊心を持つ)、立派である(恥ずかしくない)といったような言葉で説明される概念も、ヴィクトリア朝の美徳のキーワードである。立場や状況によって意味内容は異なるので、定義は難しい。

ダンスやカード遊び、劇場通いも、宗派によっては体面が悪い(リスペクタブルでない)、とみなされる。派手な服装や化粧をすること、公衆の面前で目立つこともNGである。貧しくてもきちんとした服装をし、ぼろぼろでもきれいに掃除した家に住み、礼儀正しく貞節で真面目で正直であれば恥じるところはない(リスペクタブルである)。いくら裕福であっても、借金があったり、妾を囲っていたりするような、倫理に反する(リスペクタブルでない)人は、社会的につまはじきされた。

リスペクタブルであることは、自立していることでもあるので、人さまのお世話になること、慈善を受けることは恥ずべきことであった。だから貧しく食い詰めた人々も、施しを受けたり、救貧院の世話になったりすることを極力避けようとしたのである。下層中流階級やワーキング・クラスの余裕のある層がつけで払うことや質屋などを嫌い、小金をため、倹約することに専念したのも、その表れであった。

時間厳守、早寝早起き、禁酒、秩序遵守、節制、自己管理、生産性重視といった徳もリスペクタビリティにかかわっており、すべては結局産業、商業の発展に寄与することになった。半面、うわべを繕う、二重性、お上品ぶり、などといった負の面もあって、ヴィクトリア朝の美徳が、一皮むいたところで偽善を露出させる原因でもあった。

理想の女性像

ヴィクトリア朝の理想の女性といえば、「家庭の天使」という言葉が浮かんでくるだろう。だがこれは非常に階級依存の概念である。奢侈《しゃし》的消費に任せて暇をもてあそぶ女性というのは、ほんの一部の中・上流階級にしか当てはまらない。たしかに、女性が対価の発生する仕事に就くのはリスペクタブルではなかったが（ボランティアなら可）、その女性も家庭内では使用人を使って非常に煩雑な家政を取り仕切り、幼い子どもの教育から夫への奉仕に至るまでの仕事に忙しかった。家庭こそは女性の領域、そしてそこで忙しく立ち働き、家族みんなのモラルの手本となるのが「家庭の天使」だったのである。だが、それも中流階級の場合だ。ワーキング・クラスの女性は、幼い頃から年老いるまで、もちろんお金を得るために働いていた。実は、理想の女性性についてのモラルがもっとも厳しいのは、上流階級を模倣しつつ、それより下の階級に落とされることを恐れる中流階級においてであった。

結婚は女性の使命であり、自然の摂理であり、社会的義務であると考えられていたにもかかわらず、この時代は男性人口より女性人口が上回っており、結婚できない「余った女性たち」がいた。とはいえ、実際、彼女たちが不幸であったと

狩猟服の父親が手紙を後ろ手に隠した娘に迫っている。娘の背後には紅茶のセットが置かれ、男性と女性の領域がはっきりと区分して描かれている。ジョン・エヴァレット・ミレー画『私を信用しなさい』。1862年。

は限らない。余裕のあるワーキング・クラスでは、技術や資格を持った女性や、収入のいい職を持つ女性は独身であることが多かった。どの階級においても、自分の収入があり、独立した人生を送る女性はたしかにいたのである。

理想の男性像

ジェントルマンであることが理想の男性像であった。しかしこの言葉は時代によって変化していく。一九世紀までは、上流階級の男性は生まれによってジェントルマンであり、国教会の牧師、弁護士、国会議員、軍隊の将校は職業によってジェントルマンに属していた。だが、ジェントルマンらしい振る舞いをしない人は生まれや職業がそうであっても、ジェントルマンとはみなされず、そのことがやがて「ジェントルマンたること」を、ゆるやかに階級から解放してゆくことになる。

ジェントルマンであることは、倫理的に正しく行動し、お金目当てや過度な自意識で動くことはありえない。何よりも義務を重んじ、自己の利ではなく公共の益を考えなければならない。実業家がジェントルマンになりうるか否かは、倫理の問題となったのである。

しかし世紀末になるとジェントルマンの定義はまた変化し、パブリック・スクールに行き、パブリック・スクールの倫理——困難を黙って耐え、ヒエラルキーに従い、強い責任感を持って、フェアプレイを重んじ、感情を抑制する——を身につけたものがジェントルマンだといわれるようになった。政治家、軍隊の将校、植民地の官僚といった国家のリーダー格は、こうした理想に沿って育てられていった。

とすると、国民の大多数の男性は、「ジェントルマンたること」とはあまりかかわりがなかったことになるのだが……。

縫物をしながら夫の帰りを待つ女性。夫の姿は背後の鏡に映し出されている。簡素でこぎれいなワーキング・クラスの家庭が理想化されて描かれている。ジョゼフ・クラーク画『夫の帰宅』。

理想の少女像

『ガールズ・オウン・ペーパー（GOP）』の一八八〇年一月三日第一号に載せられた「ガールズ・オウン・アルファベット」は、各行の一字目がアルファベット順になるように作られた詩であるが、内容的にはGOPの読者に示す模範的少女像を描き出している。

いつもにこやかで、決して怒らず、上品な言葉と物腰で、働き者で誠実で、柔軟な心を持ち、従順で信頼できるほがらかな少女。決して人に迷惑はかけず、有能で堅実で知識欲にあふれる、そんな少女であれば、成長してから素晴らしい女性になれるが、幼い頃から心がけていなければ、老いてから努力してもやり直しはできない。

HOW TO BE HAPPY.

A POEM FOR GIRLS.

How shall we make life joyous?
"Not by the mirth unblest
Of the giddy dance, or the song profane,
Or the wild, unguarded jest.
By the love of all things good and fair,
Sunshine and books and flowers;
By the smile of God upon guileless joys,
Let us gladden our youthful hours."

How shall we make home happy?
"Not by pert look or tone,
Or the roving feet that haunt the street
While the mother toils alone.
By the tired father's ready chair,
Bright hearth, and neat-spread board;
By a willing hand, and a smiling lip,
And a heart with kindness stored."

How shall we look the fairest?
"Not by the vain display
Of flaunting fashions and foolish airs,
That turn wise hearts away.
But the light of truth in a quiet eye,
And a modest maiden grace,
With the rosy smile of sweet content,
Make fair the homeliest face."

How shall we give God glory?
"By doing what *good we can*
Unto *all* and *each*, within our reach,
Bird, beast, or child, or man;
By keeping still from the snares of ill
Which lure on every side;
Sheltered and safe, 'neath the prayer of faith,
Lord Jesus, be our Guide!"

C. T. PRINGLE.

少女たちにどうやったら幸せになれるかを説いた雑誌記事『ガールズ・オウン・ペーパー』から。ピアノを弾く、暖炉でトーストを焼く、ガーデニングをするといった少女の姿が描かれている。

Column

『GOP』的理想の少女

いつも愛想よく、でも流されることはなく
やらねばならないことは
こざかしくというより潔く取り組み
友は選んで、選んだら誠実に付き合おう
困らせるたり怒らせることのないように
柔軟な心は、凧《たこ》のように空高く
飛翔を制限するアドバイスに支えを見出し
物腰は優しく、もの言いは上品に
一番幼い者にでも届く蜂蜜の甘さ
若いときに手を怠けさせると
老いてからもだらしない
裁縫のお手本が示すままに
きちんと針を刺しましょう
親切で怒りを押し殺し、やわらげよう
キスで捕虜を導き、悔いることを教え
家庭ではほがらかに過ごそう
楽しみは宝だから
つまらない娯楽でくたくたになることなく
従順な人と信頼できる人は
愛の双子の姉妹
天の神の宝箱の真珠のように
はかりしれぬ価値がある
けんか！　ああそのような
邪悪なものを起こさないで
単に心の中であっても
信仰はそれを許さない
怒りを抑えるために祈りなさい
人に苦痛を与えるのは
神に逆らう性質だから
外で役立つように、
でも家の中ではもっと役立つように
奉仕する美徳は遠くでなくとも見つかる
女性は少女期の最初の図面から作られる
クサンティッペかクローディアか、
メアリ女王かアン女王か
若い友よ、
幸せになるにはまず賢明でありなさい
知識なしでは
一生懸命でも目のない頭のようなもの！

［すべての階級の人のためのエチケット］

読者からの質問が非常に多い話題があると、『GOP』はとくに欄を設けて記事を載せた。

社交界で晩餐会に招待されるというようなことがあろうがなかろうが、すべての女性が心得ておくべきとみなした「エチケット」は、男性との交際にかかわるものであった。

どんな身分の女性でも、どんな年齢の女性でも、不幸な結婚をして取り返しのつかないことにならないよう、十分気をつけることが強調されている。

① 人前で大声で笑うのは品がない
② 男性の顔をまじまじと見るのもよくない
③ 公衆の面前で感情をあらわにするのはよくない
④ 目立ちすぎは誤解を招く
⑤ 異性がいるときには女らしい慎ましさを保つこと
⑥ レディであろうが働く娘であろうが、正式な「紹介」もされずに話しかけてくる男性に心を許してはならない

たとえ通りで男性から声をかけられ、一緒に歩いて行ってもいいかと聞かれても、断って無礼になることなどはない。そのような男は育ちが悪いから気を許してはならない。

男性と知り合いになるときは、まず女性のほうから会釈するものである。目をそらして男性の視線を避ける権利は女性の側にある。

男性からのプレゼントは受け取ってはいけない。兄弟同様の親戚、おじさん、家族ぐるみで付き合いのある年配の男性以外とは、贈り物のやり取りは避けるべきである。

こんな少女が、『GOP』の掲げる模範像である。家の外でというよりはむしろ家庭内で、なすべき義務をまず果たそう、というあたりが、やや保守的な枠組みを決して外さないこの雑誌の性格をよく表している。

この詩を皮切りに、勇敢で分別があり気立てがよく、人の心を思いやり、楽しいということは、自然で愛情深く会話を交わすためには、働き者で満ち足りた生活を送るためには、よい友を得て友情を続けていくためには、といったような、少女の心構えを説いたエッセイが、ほぼ毎号載っている。ということは、逆に考えれば、それらを説かねばならなかったということでもあり、わざわざ模範を示す必要があったのかもしれないのだが、灯台の光となり、家に差し込む陽光となり、よき影響力を及ぼすのが役割とされたヴィクトリア朝女性の理想像は、ここでも健在である。

6 病気、健康、医学と環境

偏った食生活のために、ある種の病気——壊血病《かいけつびょう》、脚気《かっけ》、くる病など——が起こることは一七世紀から知られていた。食事の改善により、治癒が見込まれることもわかっていた。しかし、ビタミンが発見されたのは二〇世紀のことで、これらの病気がそれぞれビタミンC、B_1、Dの欠乏によるものとは知られていなかった。

ヴィクトリア朝の食事は、極端に炭水化物が多く、野菜が少なかったため栄養不足・貧血がよく見られ、貧しい階層ではタンパク質も不足していたことから、人々の体格は今より小さく、とくにワーキング・クラスの人々は上の階級の人間より小柄であったことが知られている。上流階級には食べすぎによる糖尿病、痛風に悩む人も多かったが、ワーキング・

病気の子どもにかがみこむ母親。背後に大鎌を持った男がいる。農家の風景ともとれるし死神の姿であるともとれる。ヘンリー・ハーバート・ラ・サング画『大鎌を持った男』。

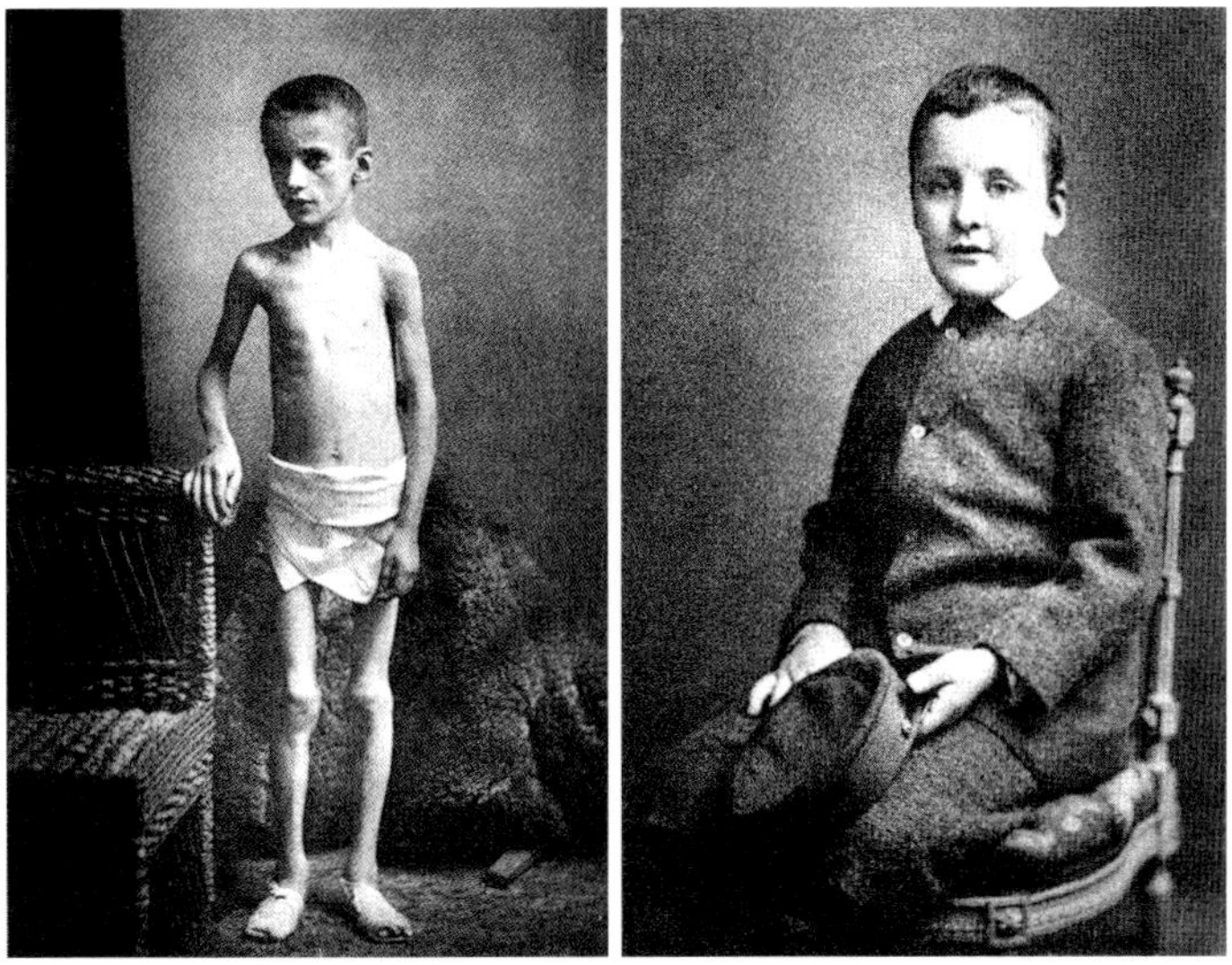

英国児童愛護会（NSCPP）に保護された少年。左の状態が半年後には右のように変化。

クラスの人々は、厳しい生活環境の中で四〇代までしか生きられないことも多かった。とりわけ、なるべく稼ぎ手にいいものを食べさせるという傾向から、栄養状態がよくない女性の死亡率が高かった。産褥による死亡が多かったことももちろんある。

乳飲み子を抱えた女性が働きに出るとき、子どもは週四ペンスくらいで夕方まで預かってくれる女性に預けられたが、一〇人以上の乳幼児を一部屋で泣かせっぱなしということもよくあり、よそさまの子どもの乳母をして働いたがために自分の子どもが犠牲になりかけるという例は『エスター・ウォーターズ』に見られる。

ハムステッドの天然痘隔離病院の病室。
1871年には窓が開けられ、換気が行えるようになった。

コレラの流行で大打撃を受けたロンドンの下町。

伝染病、職業病

細菌やウィルスが発見されたのは一九世紀末のことであり、伝染病の原因は瘴《しょ》気《うき》と呼ばれる悪い空気を吸い込んだせいだと考えられていたため、コレラをはじめとする伝染病が猛威を振るったときも太刀打ちできず、多くの犠牲者を出した。コレラの原因が飲料水に含まれる「何か」であることまで突き止めたジョン・スノウ博士の苦労のおかげで、ロンドンには下水道が敷かれるようになり、世紀末のロンドンはようやくコレラ菌の脅威から救われた。しかし空気伝染する結核にはなかなか打つ手がなかった。女性の死因の半分は結核だったといわれるほどで、これはヴィクトリア朝を代表する病気であった。その他にもはしか、百日咳、ジフテリア、しょうこう熱などが猛威を振るった。

予防接種を受ける子どもたち。1871年、イーストエンドにて。

ロンドンなど大都会の大気汚染は呼吸器系の病気を引き起こした。すべての家庭、工場、汽車が吐き出す石炭の煙とすすのせいで、ロンドン名物の「豆スープのような霧」と呼ばれる黄色っぽいスモッグが空を覆い、酸性雨が降った。肺炎、気管支炎、ぜんそくがはびこり、肺結核が蔓延《まんえん》した。転地療養、食餌《しょくじ》療法ができる余裕があればいいが、ほかに治療法はなかったのである。進行の速い結核はチフスと混同されることもあった。

危険な職場、たとえば鉱山や線路工事、機械を使う工場でのけがや死亡事故が多いのはもちろん、綿埃《わたぼこり》や粉塵《ふんじん》を吸い込み、呼吸器を病む工場労働者も多かった。特殊な職業病も存在した。水銀を使用する帽子作りが水銀中毒になったり、染料に含まれるヒ素や鉛による中毒が起こったりした。常にひざをついて床を磨くメイドに、膝骨の疾患が見られることもあった。目を酷使するレース編み女工の失明、騒音のひどい工場での聴力障害。農業就労者は常に肺炎、気管支炎、関節炎がつきもので、凍傷《とうしょう》の危険にもさらされていた。

『メアリー・バートン』に出てくる少女マーガレットは暗い中での細かい針仕事が原因で失明し、職を失う。彼女は天性の美しい歌声を持っていて、そのおかげで教会の歌い手として出直しができたが、それほど運がいいことばかりでは決してなかっただろう。また、同じ著者の『北と南』(*North and South*, 1855)の工場労働者ベッシーは胸を病む。工場内の塵《ちり》と埃に肺を侵されやすく、栄養失調で抵抗力がなく、長時間労働で伝染しやすかったといった原因で、工場労働者には肺結核が多かった。このような危険な労働環境は、しだいに法律の制定により改善されていったとはいえ、すべての環境がいちように変化したわけではもちろんなかった。

障害者輸送用バスで学校に通う脚の悪い子ども。

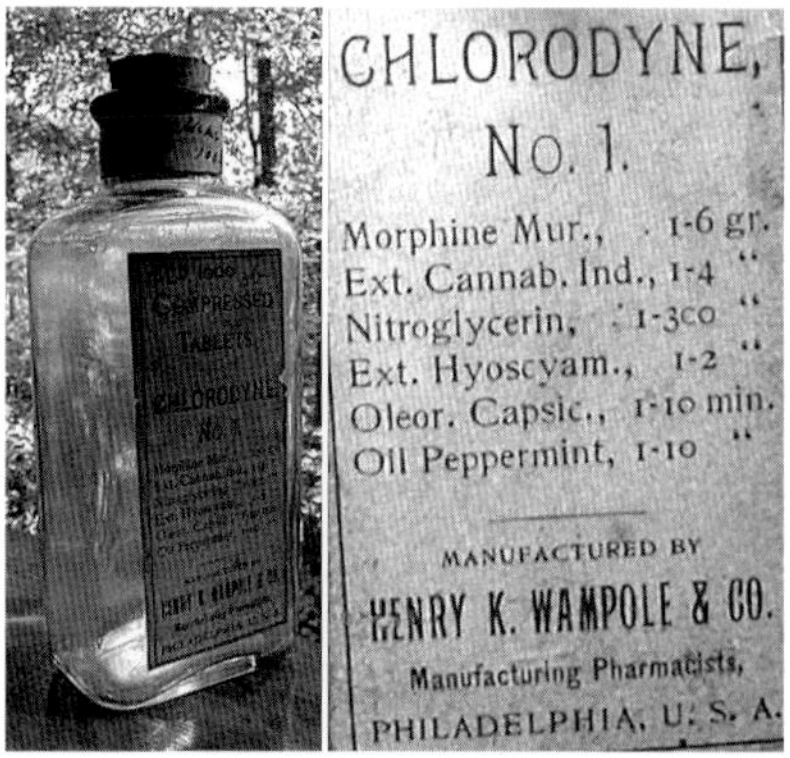

瓶に入っているクロロダインという薬は痛み止めとして20世紀になっても使用されていた。

病院事情

病気やけがをした場合、ヴィクトリア朝の人々は病院に行ったり、入院したりすることはない。病院というのは福祉施設であり、行き場のない病人を収容するところで、医者や看護婦が実技的技術を習得するための場であった。

『エスター・ウォーターズ』では、女中奉公先で婚外子を妊娠したため、実家にいることができず入院したエスターは、実習の学生たちや看護婦に取り巻かれて出産の時を迎えている。病院には慈善活動の一環として貴婦人が面会にやってきて、同情し、援助の約束をしてくれた。だがその間、彼女の母は自宅で産褥《さんじょく》で亡くなったのだった。

通常、医者は各家庭へ往診する。医者への謝礼は、世紀末で一回五シリングだったが、困窮した家庭にはその半額で往診をすることもあり、多くの医者は、一週間に一日、無償で貧しい家庭を訪ねることに決めていた。

病人の家が豊かであれば看護婦を雇い、つきっきりで看病させることもできたが、普通の家ではそのような余裕はなく、看護は家族の女性に委ねられた。伝統的な薬草を使ったり、家事読本から学んだ自家製の薬や治療法に頼るしかない場合も多かった。多くの伝染性の病気が遺伝だと思われたのは、こうして家の中で病人につきっきりでいる家族が、もっとも容易に伝染しがちだったからである。

医師と看護婦

医療に携わる人の専門化と免許制度はだんだんに整いつつあったが、薬剤師と医者は双方とも治療、薬の処方をすることができた。一八五八年と五九年に制定された法律をもって初めて、医者か総合診療医（General Practitioner）の資格が定められ、この資格を持った者のみが死亡診断書を書くことができることになった。

当初、女性は医者になることができなかった（法の目をかいくぐった二人の例外があるが）が、一八七八年、ロンドン大学は医学を含め、すべての学位を女性に認め、イギリスで学位をとった女医が誕生した。

医師の資格制度により、お産は伝統的な産婆の手から医師の手へ移っていったが、十分な消毒がなされないままに複数の妊婦を診る病院でのお産は、かえって感染症に弱かったようである。ヴィクト

グロースターシャーで地方看護婦を務めていたベティ・スミスは14もの村を担当していたのでいつも自転車を使っていた。

フローレンス・ナイチンゲールは看護法を改革しただけでなく統計学を駆使して看護婦の必要性を説いた。

リア女王が採用したことからクロロフォルムを使った無痛分娩も広まった。

　フローレンス・ナイチンゲールが看護制度を整え、看護の仕事を専門化したのは有名である。しかし、それ以前の訓練を受けていない看護婦が、彼女が言うほどひどいものであったわけではない。一日一シリングで雇われた昔の看護婦は、つきっきりで病人を見て、食事から洗濯、掃除に至るまであらゆる世話をしていたからである。

　また、ナイチンゲールがクリミア戦争に連れていった看護婦の半数以上がカトリックか国教の修道尼であったことからもわかるように、古くは修道院が病院、尼僧が看護役をになっており、そこで培われたシステムが一九世紀にも基本として取り入れられた。戦後、集まった基金でナイチンゲールは聖トマス病院に看護婦養成学校を設立した。そこでの看護見習い生は個室が与えられ、年給一〜三ポンドもらって一年実習・三年働き、技術を身につけた。訓練を受けた看護婦は、すべての少女たちの憧れの職業となったが、見習いになれるのは二三歳以上の女性であり、一二歳から働きに出なければならない階級の女性ははなから除外されていたのであった。おまけにこの歳から見習いを始めるということは、看護婦は生涯独身を通すということが暗黙の了解だった。そしてメイド以上の力仕事につかねばならず、家事、調理の腕を期待されていた。憧れの世界とはほど遠かったと思われる。多くの看護婦は、経験を積むと、より報酬のいい家庭看護婦になって、裕福な家に勤めるのを好んだ。

家庭看護、大衆薬、新しい薬

伝統的に効き目があるとされていた療法、たとえば注射器や蛭《ひる》を用いて瀉血《しゃけつ》を行ったり、吐瀉《としゃ》薬、下剤を使ったりするのは有害なものを体内から排出するから効果的であると考えられていたが、おそらくはかえって有害であったと思われる。よく使われた下剤の一つは塩化水銀I（甘汞＝かんこう）で、胃腸に取り返しのつかないダメージを与えた。

貧しい人々は昔からの知恵に頼って家で看護するしか方法がなく、寒さをしのぐことを考えるあまり、窓を閉め切って換気を怠り、病人に布団をかけすぎて衛生状態が悪くなることもしばしばだった。手に入る限りいいものを食べさせようとして、消化の悪いものを食べさせることも多く、それは病気を悪化させることもあっただろう。伝統的に病人に母乳を与えるのは、古くから行われてきたが、慈愛の行為である以外には実効性はない。病人食としてよく取り入れられてきたのは、仔牛の足の煮凝《にこご》り、牛ヒレ肉の煮汁のビーフ・ティー、砂糖入りの大麦湯などだった。

ナイチンゲールは病室の換気と、清潔な環境、消化のいいあっさりした病人食を提唱したが、それはこうした伝統的な看護のあり方に大きく異議を唱えるものだったのである。

咳を鎮めたり、痛みを抑えたり、寝つきをよくしたりするためにしばしば用いられたのがアヘンである。これは処方箋なしで入手でき、医者の薬にも、人気があった大衆薬にも入っており、家庭で調合することもあった。世紀末になるまで、中毒性があることが知られておらず、アルコールに溶かしたアヘンチンキの形で常用する人が多かった。乳幼児の夜泣きに対しても、アヘンチンキは普通に用いられていて、当時の死亡率の高さはここに起因すると考える向きもある。「ゴド

ビーチャムの丸薬の宣伝ポスター。
「荒い波は何を語っているの？」「ビーチャムの丸薬をお試しあれ！」

フリーの強壮剤」というのが悪名高いアヘン入りの子ども用大衆薬であった。

一八六八年までは薬の売買に何の法的規制もなく、大衆薬は食料品店やドラッグストアなどいろいろなところで買えたし、人目が気になるときには、通信販売を利用するという手もあった。雑誌にはさまざまの怪しげな薬の広告があふれていた。「障害物を取り除き、規則性を取り戻す」というような遠回しのいい方で堕胎薬も販売されていた。

「ビーチャムの丸薬」という万能薬は、二九の症状に効くという触れ込みであったが、中身はアロエとショウガと石鹸だけだった。効かなかっただろうが、少なくとも害はなかった。だが、「クロロダイン」という名で売られていた大衆薬は、咳、風邪、ジフテリア、コレラ、てんかん、リューマチ、がん、その他の病気に効くと謳い、その中にはモルヒネ、抱水クロラール、干した大麻が入っていた。さらに、よく売れていた「ブルーピル」という常備薬には、強力な下剤と水銀が入っていたのである。

家庭の主婦は両刃のメス、探り針、縫合のための針なども救急箱に入れて備えており、簡単な手術行為も行っていた。医者にかかるのは最後の手段だったのである。

経済的余裕のある人々は転地療養を試みたが、これは大気汚染やシックハウス症候群のために健康を害した病人にとっては効果的であった。壁紙に有害な塗料が使われていたり、古い壁紙をはがさずに貼り重ねていく慣行、瘴気を寄せ付けないために窓を閉めたままにする習わしなどのため、シックハウスという病名はまだなかったものの、同様の病状に苦しむ人は多かった。

医学のうち目覚ましい発展を遂げたのは外科だけだったが、手術にはまだ出血、ショック、感染の危険性があった。

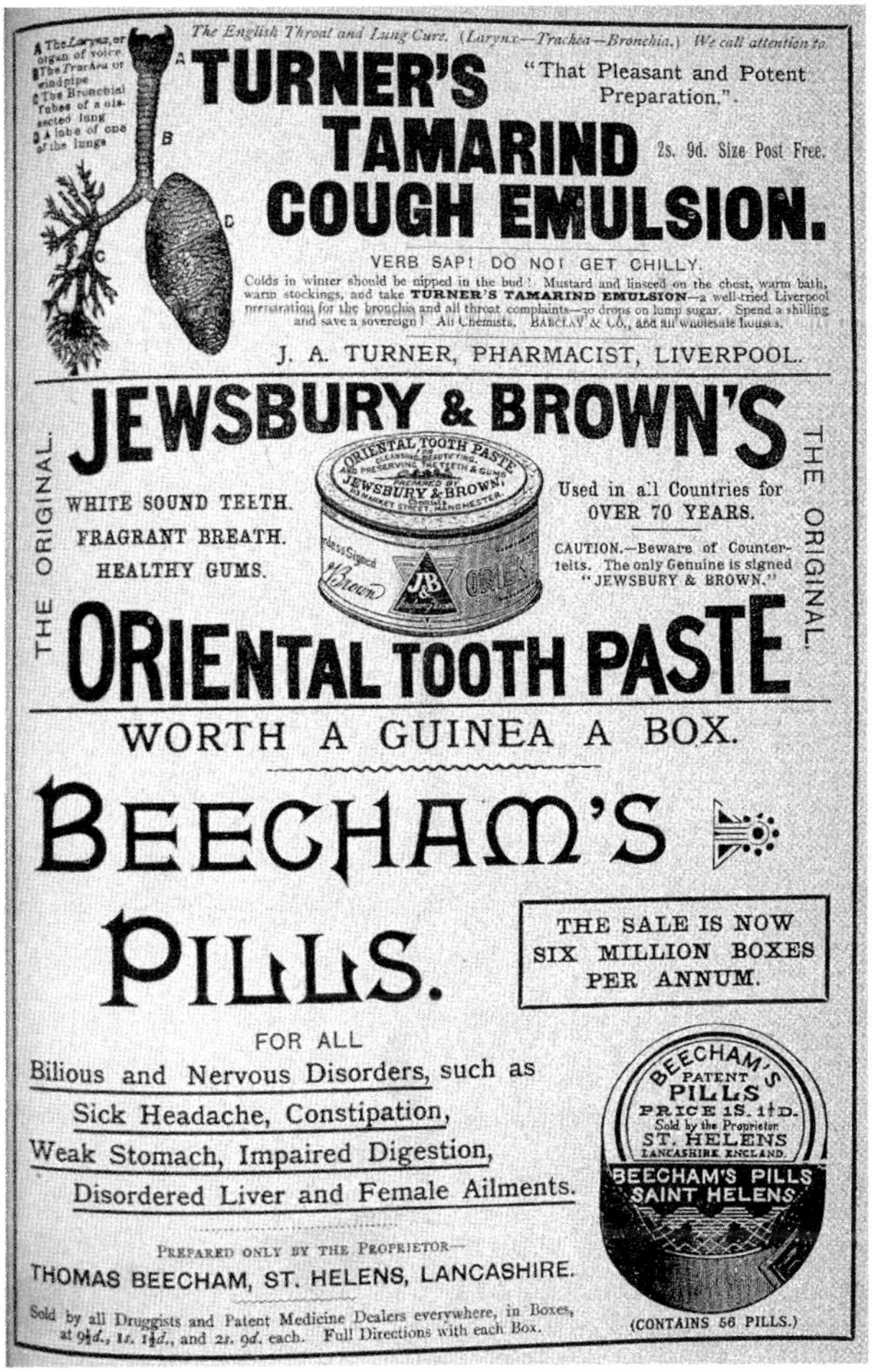

雑誌に載った薬の宣伝。上から咳止め、歯磨き粉、ビーチャムの丸薬。

第3章

女性の職業

1 階級とワーキング・クラス

縫物を膝において天を仰ぐ疲れはてたお針子の姿。リチャード・レッドグレイヴ画『お針子』。1846年。

それぞれの階級の人々は、その階級の標準に見合った生活のレベルを保つために適切な収入が必要であった。たとえば、中流階級の家族を支えるためにはぎりぎり最低三〇〇ポンドの収入が必要だったが、ワーキング・クラスの家族の平均年収は五〇ポンドくらい、最低で一二ポンドである。一方でもっとも富裕な貴族の年収は、三万ポンドであった。次ページの表を見れば、年収が階級をまたいで分布しているのがわかる。

ヴィクトリア朝初期には、農業労働者がもっとも多く、一四〇万人近くが野外または屋内での農作業に従事していた。家事使用人も一〇〇万人を超えていた。家事使用人以外で女性が就いていた職業は、家庭外の使用人（酒場やホテルなど）、織物工場、裁縫関係、男性は建築業を含む力作業であった。しかし、だんだん農業人口は減り、工場、鉱山、建設業、輸送業に携わる人が増えた。

世紀末の頃になると、下層中流階級の職業、たとえば教師、監視人、会計士、設計士、事務職、小売人などが格段に増え、ワーキング・クラスとの境界領域が広くなっていった。

女性の仕事と経済状況

ヴィクトリア朝の女性は働かなかったとよく言われるが、これは上流、中流階級の女性にしか当てはまらない。人口の四分の三を占めるワーキング・クラスの女性たちは毎日働いていた。数でいうならば、一番多いのが家事使用人、次に工場労働者、そしてお針子。あとは、洗濯女や掃除婦など、雑役婦と呼ばれるような仕事である。

工場労働者としては、器用で従順で小回りが利く女性と子どものほうが賃金も安いし、男性より重用されたということもある。雇用側は、『メアリー・バートン』の主人公のメアリーの父のようなチャーチストや、ストライキ、暴動を起こ

職業別年収の典型例

職種	金額(ポンド)
・とくに富裕な貴族(上流階級) ・平均的な貴族(上流階級)	30,000
・富裕な商人・銀行家・工場主(中流階級) ・小規模地主(上流階級)	10,000
・富裕な牧師・医師・弁護士・事業家(中流階級)	1,000～2000
・平均的な中流階級(医師・弁護士・公務員・事務長など)	300～800
・下層中流階級(事務職・校長・ジャーナリスト・店主など) ・非常に優れた熟練職人・技術者(ワーキング・クラス)	150～300
・熟練職人(ワーキング・クラス) ・植字工・大工・機関手・仕立て屋(ワーキング・クラス)	75～100
・男性の工場労働者・店員、女性の熟練労働者・店員(ワーキング・クラス)	50～75
・漁業労働者・鉄道労働者・港湾労働者・上級家事使用人(ワーキング・クラス)	45
・農業労働者・兵士・タイピスト(ワーキング・クラス)	25
・補助店員・家事使用人・お針子(ワーキング・クラス)	12～20

Sally Mitchell ed. *Daily Life in Victorian England*より。

す労働者を恐れていた。

一八四二年の法律で、地下の坑道での作業は禁止されたものの、炭鉱や鉱山の地上で運搬その他の重労働に従事する女性たちは、ズボンをはき、男と変わらない服装で働いていた。

フランシス・ホジソン・バーネットの長編第一作は、児童文学ではなく、マンチェスターの炭鉱で働く娘を主人公にした『ローリー家の娘』(*That Lass o' Lawries'*, 1877)であり、主人公ジョーンは落盤《らくばん》事故から技師を救い出す勇敢な女性である。バーネットは子どもの頃、男のようにズボンをはいた堂々たる炭鉱労働婦の姿に感銘を受けたということで、この物語の主人公に据えたのである。

女優、作家、パン屋、かご作り、帽子屋、ボタン作り、椅子作り、掃除婦、絵描きなど、女性が生計を立てることのできる職業は数限りなくあった。手に

フランシス・ホジソン・バーネット『ローリー家の娘』挿絵より、炭鉱に働きに出るジョーン。鍬とふるいを持っている。

炭鉱で働く女性たち。

職を持ち、食べていける稼ぎのある女性は、結婚せず一生独身で幸せに暮らすこともありえた。これは相当の収入がある中流や上流階級の女性についても同様である。

結婚こそ女性の生来の務めであるというのは所詮イデオロギーであり、事実上、状況は限りなく多彩であった。中流階級の女性であっても、手に職のある技術者、芸術家、教員などとして幸せに独身生活を全うする人も存在していた。

いったん結婚すると、女性の財産はすべて夫のものとなり管理下に置かれるという不平等も、一八七〇年と一八八二年の法改正で解消された。一八六六年にはワーキング・クラスの妻の権利を守るための配偶者扶養法が制定された。

ヴィクトリア朝の人口の四分の三を占めていたのがワーキング・クラスである。

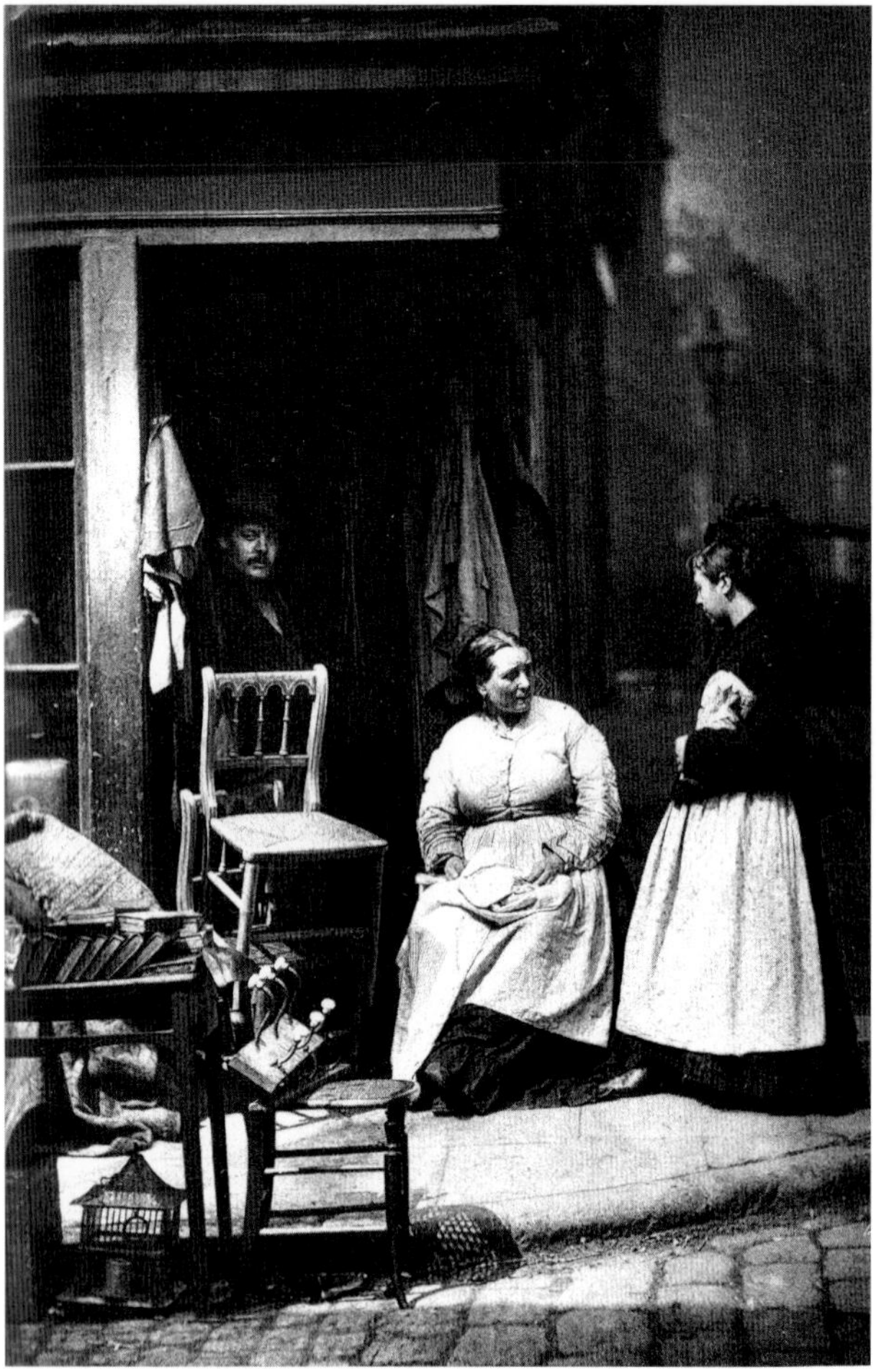
ホルボーンの古家具屋の店先で商いをする女性。

大切なのは階級の違いが貧富の差で決まるのではないということだ。イギリスにおける階級制度は、長い歴史の中で培われてきた権力と富の不公平な分配が、世《せ》襲化《しゅうか》され自然化されてできた異なる文化集団なのである。上流、中流、ワーキング・クラスの目に見える違いの指標は、言葉、衣服、態度、教育、価値観に表れており、それぞれが宗教から食事の時間に至るまで異なった文化を持っていた。

ワーキング・クラスの大半は農業労働者（小作人）、家事使用人、工場労働者が占めていた。その他には、工業、漁業、輸送、建築、織物工業などに従事する人々も含まれる。多くの単純作業に携わる人々は、日々かつかつで暮らしてゆくだけの収入しかなく、ギリギリの生活を余儀なくされていた。多くの人々は日給か週給で雇われており、肉体労働が主であったため、若い頃がもっとも収入が多かった。

ワーキング・クラスの家庭では、結婚しても妻が働き続けるのが普通だったが、子どもが生まれるとそれまでのようにフルタイムで働くことができなくなるため、家でできる内職をしたり、下宿人を置いたり、昼間だけ雑役婦をしたりして家計

羊の皮を洗浄して仕上げる職人たち。

港湾労働者たち。

帽子やブーツのために革の仕上げをする職人たち。

を助けた。内職の中でもよくあるのがマッチ箱作りである。厚紙を貼り合わせて作る作業は子どもにも手伝わせることができたであろう。

とはいえ、一家の大黒柱となったり、ささやかな商売を立ち上げて成功したりする、たくましくて働き者の女性も存在した。たとえば、ロンドンのベスナル・グリーンとショーディッチの教区は家具作りの職人が多い地区だったが、ここで目覚ましい活躍をしていたのは女性のフレンチ・ポリシャー（家具の艶出しの仕事）だった。訓練や経験がいらず、在宅で仕事ができるうえに、賃金も高かったため、二五〇人を超える女性のポリシャーがおり、自らの作業所を経営するものもいて、稼ぎのいい嫁候補として人気だったという。

子どもたちは男の子も女の子も幼い頃から働き始めた。男の子が住み込みの奉公にゆき、女の子が家事使用人として他家に勤め始めると、労働者の家庭の経済状況は好転し、少しは貯えもできただろう。夫婦が老いて働けなくなると、まとまった貯金がなかったり、独立した子どもたちに頼ったりすることができなければ、救貧院に行くことになった。

セント・ジャイルズの古着屋。質屋が引き取りを拒否したようなぼろも売り買いされていた。

電話交換手は新しい女性のための仕事だった。

ミルク売りの女。昔ふうのキャップをかぶり、どんな天気のなかでもミルクを配達した。

ランベスはしばしば水害の被害にあった。浸水の翌朝、家の前で話をする住人たち。

Column

全国の女性労働者の職種

1886年の『GOP』は、イングランドとウェールズにおける女性の数を約1330万4500人とし、そのうち働いている女性は339万3000人余と見積もっている。その内訳は次のようなものである（兼職している場合もあるのか合計は合わない）。

帽子、仕立て屋、お針子	70万人
教師	12万4000人
洗濯女、掃除婦	36万人
家事使用人	125万8000人
店員など	72万9000人
芸術・文学	2万人
製本、印刷、編集	1万2000人
女優	2000人
農業関係	6万4000人
商い関係	1万9000人
鉱山関係・手工業関係	65万5000人
製紙	2万5000人
聖職、尼僧	7000人
医、看護関係	4万9000人
科学、薬学関係	4000人
レース編み、おもちゃ、花作り	4万人
靴職人	3万5000人
地方、国家公務員	6000人

1885年　322号　2月27日

2 伝統的な女性の仕事とそのイメージ

お針子

一九世紀中頃までは、紳士服を仕立てるのはテイラーであり、男性の熟練《じゅくれん》労働者の仕事だった。テイラーは徒《と》弟《てい》制度を取っており、厳格なギルド制を作って女性を排除してきた。徒弟に入った若者は無給の修業時代を経て技術を身につけ、やがて一人前のテイラーになる。

これに対して婦人服を作るドレス・メーカーは、女性の熟練職としては珍しいものだったが、一九世紀になって需要が増し、だんだんと数が増えた。ドレス・メーカーに徒弟に入るお針子は、たいてい無給の見習い時代から、技術を身につけていく。この頃は、ドレス・メーカーの下で働くお針子は「上品な」仕事とされていた。

『メアリー・バートン』の主人公でマンチェスターの工場労働者の娘、メアリー・バートンの場合、働きに出るには二つしか選択肢がなかった。父は自分は工場で働く身でありながら、早くに母を亡くした美しい娘メアリーには女工になっ

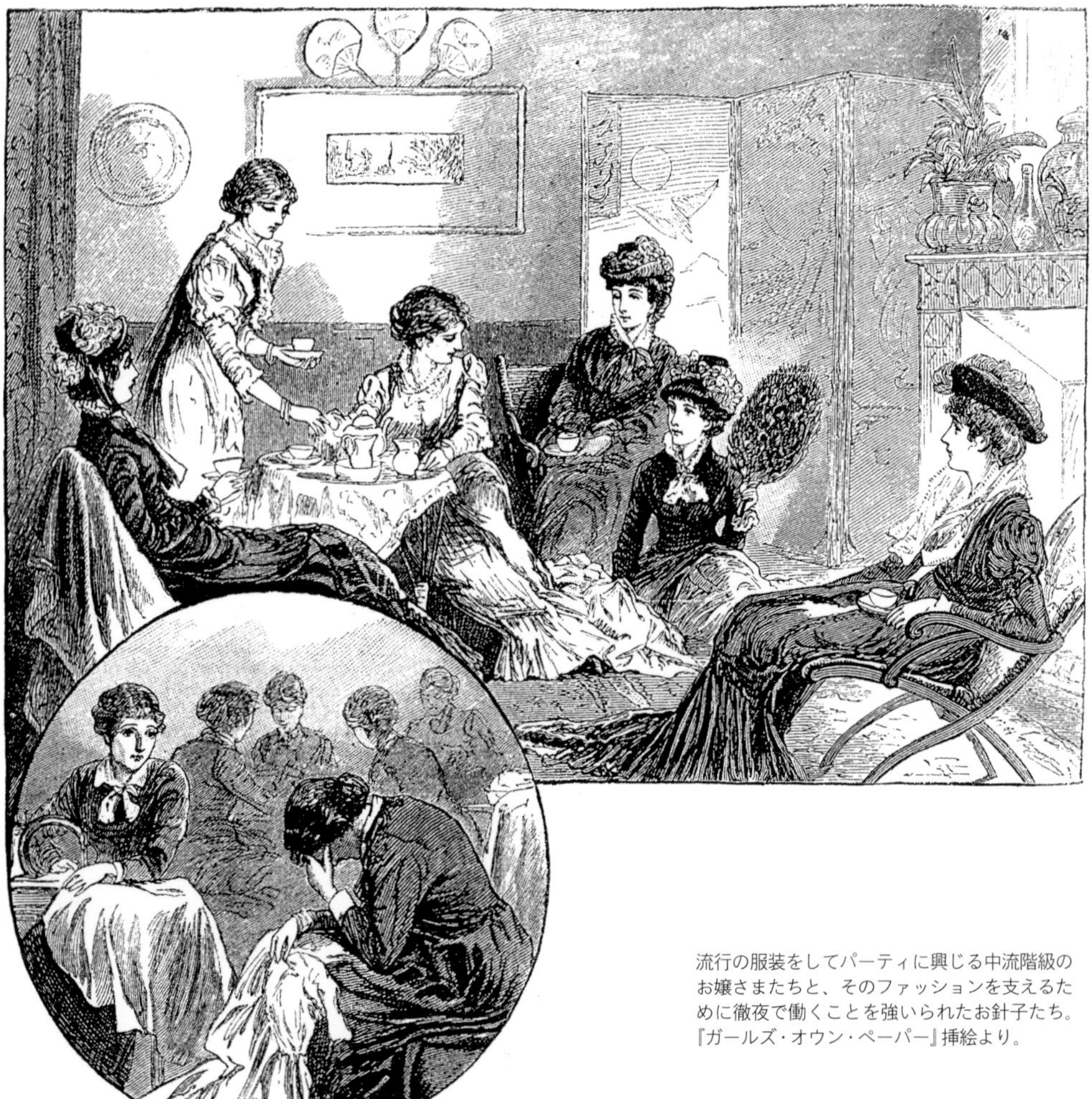

流行の服装をしてパーティに興じる中流階級のお嬢さまたちと、そのファッションを支えるために徹夜で働くことを強いられたお針子たち。『ガールズ・オウン・ペーパー』挿絵より。

てほしくなかった。職場環境のあまりの悪さに、雇い主に対しての憤懣《ふんまん》が蓄積していたからだ。そうすると娘は家事奉公に出るか、お針子になるしかなかった。父は自分が毛嫌いする上流階級に娘を住み込ませ、奴隷のような生活をさせるのは嫌だった。そしてメアリーも家事奉公は気が進まなかった。——それは実は自分の美しさを意識している彼女が、レディになりたいと考えていたからで、よその家で奴隷のように働くより、身ぎれいにしてドレス・メーカーで働くほうを望んでいた。というわけで、メアリーは婦人帽子や服の仕立てをするミス・シモンズの店の見習いとなり、通いで仕事を始めたのだった。ここに勤める娘たちは「お嬢さん」と呼ばれたし、勤務時間は店長の裁量だったとはいえ、夜は家に帰ることができた。

ミス・シモンズの店での待遇は悪くはなかったし、ドレス・メーカーのお針子の仕事は身ぎれいにして外を出歩く機会が多かった。そのため、男性からの誘惑にあいやすいと考えられていた。メアリー・バートンはまさにその通りの経験をする。彼女の美しさは工場主の息子ハリー・カースンの目を引き、玉《たま》の輿《こし》に憧れたメアリーもすんでのところで誘惑されて捨てられ、子どもを抱えて行き暮れて、夜の女になるという、お決まりの転落コースをたどるところであった。実際にその道をたどってしまったのが、同じ作者の『ルース』(*Luth*, 1853)の主人公である。

メアリー・バートンの叔母にあたるエスタは、小金を得て安物のドレスを着飾り、ついにはロンドンで道を踏み外して娼婦になってしまった。その前例があるから、父のジョンは娘メアリーを女工に

お針子には目を悪くする人が多かった。フレデリック・ワッツ画『シャツの歌』。1850年。

子どもを抱えて帰ってきた未婚の娘を迎える家族。父親が怒り追い出そうとするのを母親がすがって止めようとしている。リチャード・レッドグレイヴ画『追い出されて』。1851年。

鎖工場の女工たち。

したくなかったということもある。

　見習いのお針子は運が良ければ、ドレス・メーカーとして独立することも不可能ではない。メアリー自身、上級労働者の娘であったから、無給時代があっても徒弟として訓練を受けられた。小説での彼女の労働条件はさほど悪くない。

　しかし、一九世紀半ば、テイラーとドレス・メーカーに著しい変化が起こる。テイラーの下請けとして、非常に多くの女性労働者が加わるようになり、徒弟制度が崩壊する。男性のみが従事してきた紳士服の仕立ても、仕事を労働者委託制にして下請けに出すようになる。

　また、既製服の需要が増大したため婦人服のドレス・メーカーのほうでも、お針子の仕事はドレス・メイキングの腕を磨いて独立をめざすようなものではなく、ひたすらに身を粉にして下請け作業に従事するような、いわゆる「苦《く》汗《かん》労働」となってきた。しかも、製造者から労働者に委託された仕事は家に持ち帰っての「ホームワーク」になり、労働時間も労働条件も不透明なものになっていく。世紀末のミシンの導入は、さらに徹底的な分業化をもたらした。紳士服も婦人服も同様に、重層的な下請け制度のもと、安い賃金と過酷な労働条件で働かされるお針子の仕事に依存することになってくる。

　製造業者に直接雇用されるお針子が未

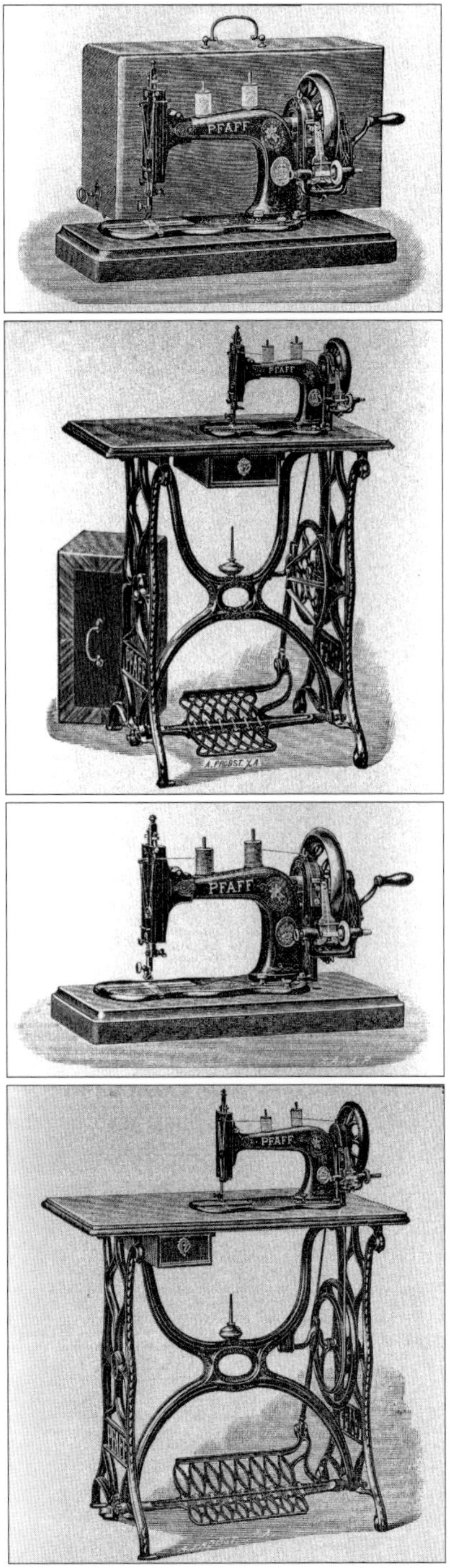

ミシンの発明と普及はお針子をさらなる窮地に陥れた。

婚者が多かったのに対し、家庭内で仕事をするホームワーカーのお針子は既婚女性が多かった。彼女らはミシン、カタン糸、光熱費は自分持ち、労働時間も仕事量も不規則で、中間搾取によるとてつもない低賃金で働かねばならない。しかし、夫の仕事が不安定であったり失業したりすることが少なくはないワーキング・クラスの家庭では、こうして妻たちがどれだけ劣悪な条件でも働き続けることが必要だった。

マンチェスター近くの綿糸工場の女工たち。
ハーフ・タイム制の生徒も含まれ、みんな木靴を履いている。

　こうしたお針子の貧困状況が、一歩道を間違えると娼婦への道に堕ちていくという事情にもつながった。彼女らがその道を選ばざるをえなかったことはあるにしても、「お針子→堕落→夜の女」という典型を作り出したのは、一九世紀の小説であったかもしれない。しかもその小説は、あくまで中流階級の作者の目から見て描かれたもので、そこに「性的に放縦な下層階級」というステレオタイプがなかったとはいえない。神聖化された上・中流階級の女性たちが性的欲望の対象にはなりにくく、抑圧された欲望は家庭の外の、ワーキング・クラスの女性に対象を定めたのである。

　家庭内でなく、外で働く女性に危険がつきものと考えられたのは、女工についても同じで、長時間、監督者がいない環境で、異性の労働者と同じ場所で働き続ける彼女たちにも同じような目にあう場合があった。

花売り娘

　バーナード・ショーの戯曲『ピグマリオン』（*Pygmalion*, 1913）は、ミュージカル映画『マイ・フェア・レディ』の原作として知られている。ヘンリー・メイヒューがインタヴューしたようなロンドンのコヴェント・ガーデンの花売り娘が主人公である。下町訛り丸出しのイライザが、音声学を専門とするヒギンズ教授の教育によって上流階級のレディに姿を変えることができるかどうか……というこの物語は、厳格な階級差に対する辛辣《しんらつ》な風刺を描いたものであるが、同時に花売り娘という、女性の職業のありようを垣間見ることができる。

　メイヒューは、ロンドンには四〇〇人くらいいると思われる花売り娘には、二種類あり、娼婦が隠《かく》れ蓑《みの》として花を売っている場合と、本当に花だけを売っている（といってもオレンジのほうが儲かるときはオレンジを売るのであって花だけの商売ではないのだが）場合があると述べている。『ピグマリオン』でも、イライザが娼婦と間違えられたと思ってひどく怒る場面があり、お針子同様、娼婦に重なるイメージがあったことがわかる。

[右] バンドルに編んだラヴェンダーを売る花売り娘。右隣は傘を売る男。
[中右]『ピグマリオン』のイライザを演じるパトリック・キャンベル夫人、1914年。
[下] メイヒューがインタヴューした孤児の花売り娘、11歳。

娼婦が花売りのふりをしている場合、彼女たちは夜遅くまで通りに立ち、形ばかりラヴェンダーのドライフラワーを差し出すこともあり、女性客に買ってくれとせがむことはめったにない。

メイヒューがインタヴューしているのは、本当の花売り娘の姉妹である。一五歳と一一歳の彼女らは孤児で、ドルリーレイン界隈に住んでいた。毎日コヴェント・ガーデンで仕入れた花を、自らイグサで束ね、紙に包んで一束一ペニーで売る。香りのいい花がよく売れ、モスローズやスミレ、サクラソウが人気だったという。花がないときはオレンジを売った。二人で一日の売り上げは六ペンス以上だが、売り上げが足りないときにはひざ掛けを古物商に預けてお金を借りる。パンと紅茶とニシンを食べ、二人で生活費は二シリング、そして家賃は二シリング。それでも彼女らは貧民学校に行っていて、読み書きができた。

農婦

いつもは野良仕事をしない女性も、農繁期には総出で刈り入れなどの仕事に従事する。ハーディの『テス』の中でも、刈り取った麦を束ねるために、女たちが働く場面が描かれている。

時計のような単調さで、彼女は束ねてゆく。括《くく》り終わったばかりの一束から、

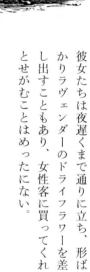

一握りの穂を引き抜き、穂先を左の掌《てのひら》でかるくたたいて、そろえる。それから、低くかがんで前へ進み、両手で小麦を膝頭に寄せ集め、手袋をはめた左手を束の下へまわし、向こう側で右手と合わせて、ちょうど恋人を抱擁するような格好で麦を抱くのである。微風にあおられるスカートを時おりたたき返しながら、縄の両端を引き合わせ、束の上に膝をついて、結ぶ。（第一四章）

このようにして女たちは刈り入れた麦を束ね、それを持ち寄って互いにもたせかけて一〇か一二の麦束からなる藁積みを作り上げるのである。実は刈り入れ自体は機械化されており、人手が入るのは束ねて藁積みを作るところだけであった。

その後、テスは農業季節労働者としてあちこちの農場や牧場を移り住んでゆくことになり、最後は荒れ果てて痩せた寒い農場で蕪《かぶ》を掘る仕事に従事する。彼女はこの時代の農業がしだいに機械化されて、小作人が土地を追われ、根無し草になっていく過程を体現しているのである。

［上］刈り入れをする女性。ボンネットをかぶり、半そでのシュミーズを着用している。
［左］刈り入れ時は忙しく、農業季節労働者は老若男女問わず雇われた。

乳しぼり娘

大きな酪農場では住み込みの人を雇って搾乳《さくにゅう》をさせていた。夏の忙しい時期の数か月、臨時の搾乳婦が雇われることがある。『テス』の主人公は、故郷の村から逃げるように、一〇〇頭もの乳牛を飼っているトールボットヘイズの農場にやってきた。ここで働く男女のうち、乳舎の二階に泊まりで働いているのは三、四人の女で、あとは通いであったが、六月のもっとも忙しい時期は、朝が早いので泊りの女たちは日が暮れると眠りにつくのであった。乳しぼり、バター作り、チーズ作りが酪農場で行われる。一頭の牛がニンニクの葉を食べたがために、すべてのバターが台無しになり、全員が総出で牧場をなめるように探し回って原因の芽を突き止めたこともあった。

洗濯女

一九世紀の洗濯は大仕事である。衣装もシーツ類もかさが大きいのに、水はふんだんにはない。この時代の石鹸はお湯にしか溶けないので、必ず湯を沸かさねばならない。釜いっぱいのお湯で、煮洗い、叩き洗い、すすぎ、しぼる工程は重労働だった。水道設備もまだろくに整わない状況で、専門の洗濯業者に洗濯を委ねる家庭は多かったから、洗濯女の仕事は多かった。結婚して子どもがいるワーキング・クラスの女性が日中パートタイムで働くのは、洗濯女や雑役婦の仕事が多かった。また、娼婦の更正施設では、身を清めるという意味もあって、入所者を洗濯工場で働かせることがあった。

『未来を花束にして』（Suffragette, 2015）というイギリス映画は、一九一〇年代の女性参政権運動の高まりを描いているが、主人公のモードは洗濯工場で働いている。その仕事場の環境の劣悪さ、長時間労働と賃金の低さは、二〇世紀になっても何ら変わらなかったことを示している。

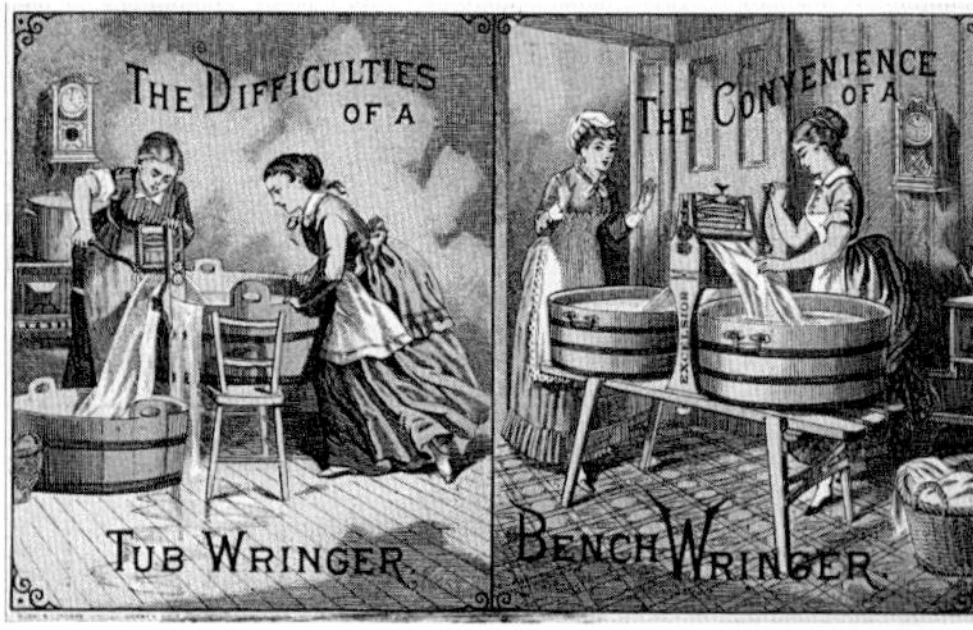

［上］洗濯は重労働。
［中］石鹸の広告では、洗濯の仕事も楽しそうだが……。
［下］洗濯女たち。

女性参政権運動を描いた『未来を花束にして』の主人公は洗濯工場で働いていた。

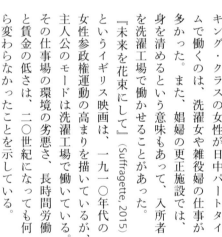

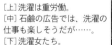

[右] ストライキを起こしたマッチ工場の女工たち。
[左] アニー・ベサント、ストライキを指導した。

マッチ・ガール

マッチ工場では、細かい作業が必要であり賃金の安い女工が好まれ、マッチ・ガールと呼ばれていた。彼女らは、週五シリング以下の給料で一日一四時間労働することもざらであったうえに、些細《ささい》なことで給料を差し引かれることもあった。その上、マッチ製造には毒性の強い黄燐《おうりん》が使われており、その蒸気にさらされて下顎骨《かがくこつ》が壊死《えし》するという恐ろしい症状の職業病の危険があった。一九世紀末、ブ

イーストエンドのマッチ工場の女工たち。長いエプロンで服を覆っている。

ライアント&メイ工場の女性労働者たちは、社会運動家アニー・ベサントの指導のもとストライキを起こし、給料と労働条件の改善を勝ち取った。その結果、従業員の作業は劇的に楽になり、健康状態も改善した。マッチ・ガールたちははからずも労使関係の歴史にひとこまを残すこととなったのである。ただし、燐顎と呼ばれるその職業病がまったくなくなったわけではなかった。

公共の娼婦（コモン・プロスティテュート）

娼婦《しょうふ》を女性の職業に参入するのは抵抗があるかもしれないが、ヴィクトリア朝中期までは、娼婦たちの境遇も社会的立ち位置も、その日暮らしを強いられていたその他の女性労働者と大差はなかった。彼女らの多くは非熟練労働者の娘であり、自らも非熟練労働者である。誘惑されて身を持ち崩し売春に手を染めたという、よくあるストーリーは、実はほんの一部のケースである。貧しさから生家を出ていくことを強いられた女性が、自活していくための職業として娼婦になることが多く、しかもそれは一八歳から二〇歳くらいの間の数年だった。多くの女性はその年齢を過ぎると足を洗ってまっとうな仕事に戻ったり、結婚したりしていたのである。

しかも、それは彼女らが他に取りうる道がある中で一つの選択肢にすぎなかった。なぜ、それを選んだのかはわからない。しかし娼婦が哀れで悲惨な受け身の被害者であるという見方は単純すぎる。娼婦の救済院の職員によると、売春の道に入った若い女性は衝動的な性格、常に変化を求める落ち着きのなさ、自立したいという強い願望、いい暮らしができて自由の身になれるという期待を抱いていたという。つまり彼女らはワーキング・クラスの女性としては珍しく自己主張が強く、自立心に富み、社会的野心を持っていたともいえるのである。

中流階級のレディをパロディ化するかのように、安物ではあるが派手な衣装に身を包み、これ見よがしに通りを練り歩く彼女たちの服装は、上の階級の女性たちを揶揄《やゆ》しつつ自分が娼婦であることを宣伝し、男性客の目を引く手段だったのだ。残念ながら売春という仕事は、彼女たちの野心に応えてくれるものではなく、不安定な窮乏生活から脱することはできないうえ、アルコール依存症や性病、暴力などに脅かされるものであった。

だが、ジュディス・R・ウォーコウィッツによれば一九世紀のイギリスの売春の特徴は、よく想像されるように男性によってではなく、女性によって組織された商売だったという。彼女らは、自分が暮らす下宿屋の主人や、その他の下宿人とも強いきずなを結んでおり、困窮のときは助け合い、葬式の費用、医者代、保釈金などを出し合うこともあった。

街娼たちは多くの場合、自分と同じ社会階級の独身男性を客にとっていた。そうすると彼女らは客と永続的な関係を築いていける可能性があるわけで、じっさいパブで顧客を作り、身を固めるものも多かった。

こうした事実は、中流階級の小説家が描き、一般に流布していた「紳士を誘惑して中流階級の家庭を破壊する社会悪」としての娼婦というイメージとは相容れない。彼女らの生活は多くの都市労働者の女性のそれと同様であり、性的強制は、女性労働者の受けねばならない搾取の一つの形である。家事奉公人の最底辺にいた雑役女中よりも自由があるという点で、売春のほうがずっとましだと考えた女性たちがいたのだと考えるほうが適切であ

少女売春婦が聖公会の牧師を誘って階上へ。階段の下には警官が潜んでいて一部始終を見ている。1880年、ニューヨークの木版画。

客に誘いをかける娼婦。派手な帽子とドレスで身を飾っている。

ろう。

しかし、一九世紀後半から事情が大きく変わる。軍隊に性病が蔓延していることを憂慮した政府が一八六四、六六、六九年に制定した伝染病法（Contagious Diseases Acts）がその契機であった。この法律は、性病の原因として、娼婦を国家が管理し、強制的な検査と隔離を強いるものであり、何の証拠もなく路上の女性が嫌疑をかけられたり、屈辱的な検査を拒むと投獄されたりした。不平等きわまりないこの法律は、大掛かりな反対運動が起こって撤廃されたが、「娼婦は社会悪」という観念はむしろ強く浸透した。その結果、ワーキング・クラスの中でも貞節と清潔さに対する道徳観が強まり、若い娘の道徳性が厳格に規定されるようになった。かつては普通の下宿屋に場所を提供してもらい、警官とは休戦条約を結んで働いていた娼婦たちも、一九世紀の最後の一〇年間になると、すっかりワーキング・クラスの外へと追い出され、社会的なアウトサイダーとして烙印《らくいん》づけられてしまう結果となったのである。

Column

中流階級から見た娼婦像――大いなる社会悪

ハーディの『テス』の主人公は、アレックスとのあいだに子どもを生みながら、エンジェルと結婚するという羽目に陥り、エンジェルがそれを知って去ったあと、生活のためにやむなくアレックスの情婦として暮らし始める。

同じ著者の『日陰者ジュード』のスーは、ジュードとのあいだに子どもを何人ももうけながら、結婚という制度に疑問を持ち、正規の結婚という手続きを取らない。

ジョージ・ムアの『エスター・ウォーターズ』は、未婚のまま子どもを産み、勤め先から解雇され、子どもを預けて乳母として働きに出る。

これらの女性たちが、ヴィクトリア朝の定義では「娼婦」とみなされるといったら、驚く人もいるかもしれない。ロンドンのスラム街で、切り裂きジャックに次々に惨殺された女たちなら、今の世でも「娼婦」と呼んで意外性はないだろう。だが、なぜテスやスー、エスタも「堕《お》ちた女」とされ、娼婦と呼ばれてもおかしくない存在だったのだろうか。

娼婦、つまり堕ちた女の問題は、大いなる社会悪として、健全なる家庭を重んじるヴィクトリア朝では大問題であった。しかし当時の娼婦の定義は非常に広く、多数のパトロンをもつ華やかな社交界のプリマ・マドンナや、夫以外の男と不倫する妻、未婚のまま男と関係を持つ娘、正規の結婚の形を取らずに内縁の妻として暮らしている女性まで、すべて「娼婦」と呼ばれていた。

つまり相手が特定か不特定か、金銭の授与があるかないかにかかわらず、きちんとした婚姻関係の枠から外れ、貞淑という徳を失った女性はみな、堕落しているとみなされたのである。そればかりか、街をうろついているのを警官に知られ、無職であれば「街娼」とみなされ、不道徳な場所に夜一人で出かけているとの証拠があればその女性は娼婦である、二人以上の男と付き合っていれば娼婦である、というような曖昧で恣意的な定義がまかり通っていたのだ。

そういうわけで、イギリスに何人くらい娼婦がいたのかという問いには答えることができない。ヴィクトリア朝に売買春が大きな社会問題となったのは、ロンドンなどの大都市

社会運動家ジョゼフィン・バトラー（1828-1906）。

昔の恋人と再会したら彼女が道を誤り娼婦になっていたという場面。ダンテ・ゲイブリエル・ロセッティ画（未完）『見出されて』。

の出現とかかわりがあるが、それよりも何よりも性の二重規範《ダブルスタンダード》がきわめて大きかったせいである。女性が男性の所有物として貞淑さと従属性を求められれば求められるほど、そこから外れてしまった女性は堕ちる——娼婦となるしかないが、性的にはるかに自由な立場の男性は、娼婦を買っても何の罪にも問われない。おまけに男性の性衝動は制御不能であるのに対し、女性には性衝動は存在しない、との医学的言説がまかり通っていた。そのため、男性の性的欲望を満たし、健全な家庭を保つための防波堤として、娼婦の存在は必要悪であるとみなされていたのである。

　荻野美穂によれば、この時代の娼婦には二つのステレオタイプがあったという。一つは犠牲者としての娼婦であり、男に誘惑されて捨てられたり、貧困の末に道を踏み外したりした哀れな女性というもので、多くは中流階級の出身である。彼女らは悲劇的な身の上を同情されつつも、道徳的な罪を犯したとして悲惨な死を遂げるのが常で、川に身を投げて死ぬというのがよくあるパターンであった。

　もう一つのステレオタイプは、まさに社会悪そのものとみなされた汚染源としての娼婦である。梅毒の流行がその背後にあった。男性の買春によって、社会の底辺の掃き溜めから持ち込まれた害毒が、中流階級の女性や子どもにまで伝染し、リスペクタブルな家庭を破壊する。こちらの娼婦は、ワーキング・クラスの女性である。

　彼女らは「必要悪」であるから、この害毒としての娼婦は管理され、衛生的に保たれる必要があった。というわけで一八六四年に成立したのが伝染病法で、警官が娼婦とみなした女性は定期的な性病検診を受けさせられ、拒否すると投獄される、病気と診断されれば、生涯隔離病院に監禁されるという法律であった。警官はしかし、娼婦とわかった女性を逮捕したのではない。健康な娼婦は「必要」だったのである。

　この法律では、買うほうの男性には何の規制も罪も問われないままであった。女性にだ

身を持ち崩し、テムズ川に身投げした女性の水死体。ジョージ・フレデリック・ウォッツ画『発見された溺死者』。

け屈辱的な尋問と、非人道的な検査を強いるこの法律に抗議したジョゼフィン・バトラーらフェミニストは、当の娼婦たちとも連携して反対運動を繰り広げ、階級を超えたフェミニズム運動となった。

　彼女は、実際の道徳性の根底には経済問題がある。売買春は女の堕落や男の放縦が原因ではない。女たちの低賃金、過小評価、過重労働など、女たちの状況の酷さが、最も貧しい女たちに露命《ろめい》をつなぐため売春に訴えるよう強制するのだと主張し、売春問題の責任が女性の側にだけ押し付けられたことに抗議した。結果、一八八六年には伝染病法廃止を勝ち取り、事実上の公娼制度も廃止された。

　バトラーは女性社会改革家であり、女性の身体に対する自己決定権を主張した医者として、フェミニストとして、二〇世紀につながる先駆者であった。

　また、反伝染病法のために活躍したバトラーら社会改革者は、更生した娼婦のための施設の設立にも力を尽くした。ユレイニア・コテージというのはその一つである。ここでは元娼婦たちを保護し、仕事を紹介し、また海外移住を支援した。

　あやうく金持ちの男の罠から逃れ、幼馴染とやり直すことに決めたメアリー・バートンも、夫婦でカナダへ旅立っていくが、オーストラリアやカナダなどの海外植民地は、新たなる出発の夢の地平となった。

　やはり『メアリー・バートン』に出てくるエスタは「娼婦」と呼ばれているが、彼女が本当に春をひさいでいたのかどうかは本のページからは推察できない。彼女は女工であるにもかかわらず、身分不相応に着飾る派手好きな少女で、都会に一人で出て行って派手な生活を送ったあげく、男に捨てられ貧困に陥って故郷に戻ってくる。これだけでエスタは娼婦である条件を満たしており、メアリー自身もあやうく工場主の息子にもてあそばれて同じ運命をたどるところであった。同著者の『ルース』の主人公ルースは、愛人になるということだけで娼婦扱いされている。『テス』『日陰者ジュード』のテスとスーも、婚姻外での男性関係を持っていることから「堕ちた女」と定義されておかしくないのだが、作者ハーディはそのような因習的な考えに抵抗してあえてテスを「純真な女」と呼び、スーを新しい女として描いたのである。

エリザベス・ギャスケル
『ルース』原書表紙。

娼婦を更生させる施設、マグダレン・ハウス。アイロンかけなど家事を学んで家事使用人の修業をさせていた。

Column 切り裂きジャック

一八八八年、ロンドン東部のホワイトチャペルで、娼婦の連続殺人事件が起こった。この凄惨《せいさん》な事件は、さまざまな憶測《おくそく》や噂、文書が書かれたが迷宮入りで、いまだに真実は明かされていない。

　最初の犠牲者は八月三一日の明け方に、死体で発見されたメアリー・アン・ニコルズだった。九月八日にはアニー・チャップマン、九月三〇日にはエリザベス・ストライド、同じ夜一時間後にキャサリン・エドワーズ、一一月九日にはメアリー・ジェイン・ケリーが殺された。彼女らはみな鋭利なメスで喉を切り裂かれて死んでいたが、エリザベス以外はみんな、内臓をむごたらしくえぐり出されていた。エリザベス殺害のときには、御者に見とがめられ、時間がなかったらしい。ともあれ犯人には何かしらの解剖学的知識があることが察せられた。そのため医師か肉屋ではないかという説が有力となった。また、被害者たちが警戒心なく犯人を近寄らせているため、女性かもしれないと言われることもあった。

　自らの犯行についてひけらかすような手紙を二通、新聞社に送ってきたこと、「切り裂きジャック」と名乗ったことなど、現在の劇場型犯罪の先駆であるといわれる。三番目の手紙には署名はなく、ただ「地獄より」と書いてあった（これが二〇〇一年の映画『フロム・ヘル』に題名を提供している）。

　警察は無能を批判されたが、どうしても犯人を突き止めることはできなかった。疑わしいとされたのは、コスミンスキという名のポーランド系ユダヤ人理髪師、ジョン・ドルイットという弁護士兼教師、マイケル・オストログというロシア人の泥棒、フランシス・タンブルティというアメリカ人の偽医者などである。しかし確実な証拠はなかった。

　その後、切り裂きジャックは多くの創作者の想像力を刺激し、劇や小説、映画に物語を提供してきた。そのたびに新たな解釈や推理が語られている。映画『フロム・ヘル』（２００１）が有名である。しかし決定的な解決はいまだなされていない。なかには犯人が決して逮捕されなかったのは、王室関係者だったからだという説まである。

『パンチ』誌に載った切り裂きジャックのイメージ。

3 新たな女性の職業と社会進出

印刷工、大工、製本業者、仕立て屋、靴職人、石工、大工などの労働者のうちでも、熟練した技術を持つ人々は、労働者の中でも一五%を占め、かなり安定した経済的基盤を持っていたため、学費を支払って、子どもたちを小学校に通わせることができた（初等教育が無償になるのは一八九一年のことである）。この上級ワーキング・クラスの娘たちこそ、初等教育を受け、看護婦や小学校教師などになる訓練を経て、新しい専門職に就くことができた初めての女性たちだったのである。

トーマス・ハーディの『日陰者ジュード』の主人公ジュード・フォーレイは熟練した石工でありワーキング・クラス出身であるが高等教育に憧れ、大学進学を望んだ。彼の愛する従妹であるスー・ブライドヘッドは、小学校教育を受けていたから、金細工品加工の仕事から、教会の教具美術品店に勤めることができたのだ。その後、彼女は望まれて、教員となるための訓練校に入学する。この二人は、ワーキング・クラスの上層にいて、その上に入れるか否かという瀬戸際の立ち位置にいたことがわかる。ただしそれは彼らにとってはあまり幸せな結果を生まなかったのだが。

一八四六年に活版印刷の彫り師の父と婦人服飾店を営む母とのあいだに生まれたケイト・グリーナウェイは、上級ワーキング・クラスの芸術や工芸などの環境に恵まれた家で育ち、美術学校の夜間部で訓練を受けた。彼女の絵の才能と、中流階級の男性がパトロンを買って出たおかげで、挿絵画家としてまた、個展を開くだけの才能と後ろ盾のある画家として成功した女性である。彼女の絵本には、豊かな家の子どもも貧しい家の子どもも、基本的に同じデザインのドレスを着て登場する。

これらの成功した上級ワーキング・クラスや、羽振りのいい商人の家庭では使用人を置き、自分自身の店を持ち、きちんとした家を構えた。その一方で、下層中流階級の中には、上級ワーキング・クラスの半分しか収入がない貧しい人々も存在した。こうしたボーダーラインの階層――ロウアー・ミドル・クラスの幅は、年々増加していった。

ロンドンの最下層スラムの一つ、ショーディッチ教区の出身のアーサーという

ケイト・グリーナウェイ。

婦人服や小間物を扱う店は女性が活躍する場だった。
ヘンリー・トンクス画『帽子屋』。

男のおばは、警官と結婚し、娘たちを立派に育て上げ、教育を受けた彼女らは女性ホワイトカラー――店員、レジ係、タイピスト、秘書など――という新しい世界へ参入した、という記録もある。

　フローラ・トンプソンは農村の出身で、郵便局員となり、結婚後、小説家になった。ワーキング・クラスの女性としては異色の経歴である。一八八〇年代の村の生活風景を描いた自伝的な『ラークライズ』はここで何度も引用した通りである。この本は今でもイギリス人の心のふるさととして愛読されている。

　ジョージ・ムアの『エスター・ウォーターズ』には、熱心な読書家で絵入り雑誌を愛読するセアラ・タカーというメイドが出てくる。初めて奉公に出たとき、まったく字が読めなくて恥ずかしい思いをしたエスターは、勤め先の女主人に字の読み方を教わるという恩恵にあずかった。

　二〇世紀にはいると、小学校出のメイドも珍しくはない。ドラマ『ダウントン・アビー』のグウェンという若いメイドは、キャリアアップをめざしてひそかにタイプを練習し、秘書になるために努力して望みをかなえるし、台所女中のデイジーも数学の才能があることを見出される。

　『ガールズ・オウン・ペーパー（GOP）』をはじめとする若い女性向けの定期刊行物が、新しい職業紹介を率先して載せはじめたのも当然といえるだろう。

ヴィクトリア朝生まれの女性画家、グウェン・ジョン画『電灯の光で読書するドレリア』。

バーメイドとその長（どちらも女性）、1881年。

◆おわりに――ヴィクトリア朝の終焉と一九一〇年に起こった社会の変化

一九〇一年、ヴィクトリア女王の崩御とともに、ヴィクトリア朝は終わる。しかし、ひとの意識がそれほど簡単に変わるわけではない。その意味で、一九世紀的社会の終わりを告げた年は一九一〇年だったとブレイディみかこは述べている。

『マンチェスター・ガーディアン』紙は「一九一〇年は現代のワーキング・クラスの出現を画した年だった」と語った。エドワード七世が崩御したあと、全国でストライキが勃発したのだ。鎖工場の女工たちが最低賃金と一日一〇時間労働規則を求めてストライキを起こし、二か月にわたる闘争の末に労働者側が勝利。一二月にはウェールズの炭鉱で三万人を巻き込むストが起こった。同じ月、女性参政権を求めて戦う女性闘士と警察が激突して血みどろの闘争になった。

女性と労働者が結託して、支配層に反旗を翻す。サフラジェットの運動の中心は中流階級の女性だったが、デモに参加した女性たちの中には、多くのワーキング・クラス出身者が含まれていた。

同じ頃、ようやく家事使用人と工場労働者の間に、自分たちは同じ労働者の仲間であるという意識が生まれた。

ディズニー映画『メリー・ポピンズ』（1964）は一九一一年を舞台設定にしているが、そうであればメリー・ポピンズと煙突掃除夫のバートは、サフラジェットの運動家であるバンクス夫人と手に手を取って街頭へ出て、女性と労働者の権利のために闘っているはずだったのだ。乳母と煙突掃除夫は手をつなぎ、女性運動家とともに外に飛び出すという画像があってもしかるべきだったのだ。

そうはならなかったのは、二〇世紀の歴史がまだまだ紆余曲折を繰り返し、一〇〇年以上経て今に至る社会の現状が証明している。しかし、私たちと過去の歴史はたしかにつながっているのである。

ヴィクトリア女王の葬儀。

National Federation of Women Workers.

Cradley Heath & District Branch.

To all Female Workers engaged in the Hammered Branch of the Chain Trade.

A

General Meeting

WILL BE HELD

Next Monday Afternoon

APRIL 11th, 1910,

IN

Grainger's Lane School Room,

CRADLEY HEATH.

Chair will be taken at 3 o'clock prompt,

BY THE

Hon. President, Mr. T. SITCH.

Miss M. MACARTHUR

(President of the above Federation),

AND

Mr. J. J. MALLON

(Secretary of the Anti Sweating League, London),

Will attend and Address the Meeting.

CHARLES H. SITCH,

Secretary.

N.B.—As a Report will be given on the Trade Boards' Bill and its effects upon the Chain Trade, all Workers are requested to observe NEXT MONDAY AFTERNOON as a general half-day holiday, and attend this MOST IMPORTANT MEETING.

鎖工場の女工たちに総会を呼びかけるポスター。

[右] 女性参政権運動のシンボルは緑と白と紫の旗。
[左] P・L・トラヴァース『風にのってきたメアリー・ポピンズ』原書表紙。

参考文献

- ジュディス・R・ウォーコウィッツ『売春とヴィクトリア朝社会——女性、階級、国家』永富友海訳　上智大学出版　2009
- デヴィッド・キャナダイン『イギリスの階級社会』平田雅博・吉田正宏訳　日本経済評論社　2008
- エリザベス・ギャスケル『メアリー・バートン』　松原恭子・林芳子訳　彩流社　1998
- ルース・グッドマン『ヴィクトリア朝英国人の日常生活　上・下』小林由果訳　原書房　2017
- L・C・B・シーマン『ヴィクトリア時代のロンドン』社本時子・三ツ星堅三訳　創元社　1987
- リー・ジャクソン『不潔都市ロンドン——ヴィクトリア朝の都市浄化大作戦』寺西のぶ子訳　河出書房新社　2016
- C・ディケンズ『大いなる遺産』上・下　山西英一訳　新潮文庫　1991
- C・ディケンズ『オリバー・ツイスト』上・下　中村能三訳　新潮文庫　2013
- C・ディケンズ『骨董屋』上・下　北川悌二訳　ちくま文庫　1992
- 詳注訳版　コナン・ドイル　ベアリング・グールド解説と注　小池滋監訳『シャーロック・ホームズ全集』6　ちくま文庫　1997、「海軍条約」斉藤重信訳
- セリーナ・トッド『ザ・ピープル——イギリスのワーキング・クラスの盛衰』近藤康裕訳　みすず書房　2016
- ジョン・トムソン／アドルフィ・スミス『写真と文によるヴィクトリア朝ロンドンの街頭生活』梅宮創造訳　アティーナ・プレス　2015
- フローラ・トンプソン『ラークライズ』石田英子訳　朔北社　2008
- ハーディ『テス』上・下　井上宗次・石田英二訳　岩波文庫　1986
- クレア・ヒューズ『遥かなる道のり——イギリスの女たち1830-1910』北條文緒・川本静子編訳　国書刊行会　1989
- ダニエル・プール『19世紀のロンドンはどんな匂いがしたのだろう』片岡信訳　青土社　1997
- ヘンリー・メイヒュー／ジョン・キャニング『ヴィクトリア時代　ロンドン路地裏の生活誌』上・下　植松靖夫訳　原書房　2011
- トニー・ロビンソン『図説「最悪」の仕事の歴史』日暮雅通・林啓恵訳　原書房　2007
- アレックス・ワーナー＋トニー・ウィリアムズ『写真で見るヴィクトリア朝ロンドンの都市と生活』松尾恭子訳　原書房　2013
- サラ・ワイズ『塗りつぶされた町——ヴィクトリア朝英国のスラムに生きる』栗原泉訳　紀伊國屋書店　2018
- ブリティッシュ・ライブラリー編『イギリスのヴィンテージ広告　Try it! Buy it!』グラフィック社　2016
- 井野瀬久美恵『大英帝国はミュージック・ホールから』朝日新聞社　1990
- 関矢悦子『シャーロック・ホームズと見るヴィクトリア朝英国の食卓と生活』原書房　2014
- 松岡光治編『ギャスケルで読むヴィクトリア朝前半の社会と文化』溪水社　2010
- 松岡光治編『ギッシングを通して見る後期ヴィクトリア朝の社会と文化』溪水社　2007
- 松村昌家・長島伸一・川本静子・村岡健次編『英国文化の世紀　1〜5』研究社出版　1996

- Ackroyd, Peter. *London: The Biography*. London: Vintage, 2001.
- Bloomfield, Andrea. *Food and Cooking in Victorian England: A History*. Westport: Praeger Publisher, 2007.
- Burnett, John. *Useful Toil: Autobiographies of Working People from the 1820s to the 1920s*. Hammondsworth; Penguin Books, 1984.
- Crayton-Payne, Andrew. *Victorian Cottages*. London; Cassell Paperbacks, 1993.
- De Marly, Diana. *Working Dress: A History of Occupational Clothing*. Somerset: The Bath Press Ltd., 1986.
- Fearn, Jaqueline. *Domestic Bygones*. Risbourough; Shire Publications, 2000.
- Greenaway, Kate. *Kate Greenaway's Book of Games*. London; Dent & Sons, 1889, reprinted in 1977.
- Horn, Pamela. *The Victorian Country Child*. Gloucestershire: Sutton Publishing, 1997.
- ...... *The Victorian Town Child*. Gloucestershire: Sutton Publishing, 1999.
- ...... *The Victorian and Edwardian School Child*. Gloucester, Sutton Publishing, 1989.
- ...... *The Real Lark Rise to Candleford: Life in the Victorian Countryside*. Gloucestershire: Amberley Publishing, 2012.
- May, Trevor. *The Victorian Schoolroom*. Risborough; Shire Publications, 2002.
- Mitchell, Sally. *Daily Life in Victorian England: Second Edition*. Westport; The Greenwood Press, 2009.
- Sackett, Terence ed. Francis Frith's *Victorian Seaside*. Salisbury; Frith Book Company, 2000.
- Stainbach, Susie L. *Understanding the Victorians: Politics, Culture and society in nineteenth-century Britain*. second edition Abington: Routledge, 2017.
- Temple, Nigel. *Selected and introduced. Seen and Not Heard: A Garland of Fancies for Victorian Children*. London: Hutchinson and CO., 1970.
- Thompson, Flora. *Lark Rise to Candleford*. London: Penguin Classics, 2000.
- Williams-Mitchell, Christobel. *Dressed for the Job: the Story of Occupational Costume*. Poole; Blandfore Press, 1982.

◉著者略歴

川端有子（かわばた・ありこ）

京都市生まれ。

神戸大学、関西学院大学大学院博士課程満期退学、ローハンプトン大学（イギリス）にてPhD取得。

愛知県立大学を経て、現在、日本女子大学家政学部児童学科教授。

著書に、『英国レディの世界』（岩田託子と共著）、『少女小説から世界が見える』、『ケイト・グリーナウェイ』（以上、河出書房新社）『児童文学の教科書』、『女性カメラマン　ジュリア・マーガレット・キャメロンの生涯』（以上、玉川大学出版部）などがある。

ふくろうの本

図説　ヴィクトリア朝の女性と暮らし
ワーキング・クラスの人びと

二〇一九年　五　月二〇日初版印刷
二〇一九年　五　月三〇日初版発行

著者……………………川端有子
装幀・デザイン…………松田行正＋日向麻梨子
発行者…………………小野寺優
発行……………………株式会社河出書房新社
〒一五一－〇〇五一
東京都渋谷区千駄ヶ谷二－三二－二
電話　〇三－三四〇四－一二〇一（営業）
〇三－三四〇四－八六一一（編集）
http://www.kawade.co.jp/
印刷……………………大日本印刷株式会社
製本……………………加藤製本株式会社

Printed in Japan
ISBN978-4-309-76282-1